Wolfram Franke

GARTENPRAXIS
Schritt für Schritt

Wolfram Franke

GARTENPRAXIS
Schritt für Schritt

Alle wichtigen Arbeiten im Detail

blv

Gartenarbeit hält fit!

Nicht wenige Zeitgenossen hören bei dem Wort Gartenarbeit immer nur den zweiten Teil heraus, nämlich Arbeit. Arbeit für eine Tätigkeit, mit der wir einen Teil unserer Freizeit verbringen wollen? Am liebsten würde manch einer diesen Begriff aus seinem Wortschatz streichen. Aber tun wir in unserer Freizeit nicht auch vieles andere, das uns ebenso anstrengt und ins Schwitzen bringt? Da geht man joggen oder gar ins Fitness-Center, um die bürmüden Knochen zu lockern und die Muskeln in Schwung zu bringen. Den gleichen Effekt können Sie bei der Gartenarbeit erzielen. Sie beansprucht und trainiert jeden Muskel – und kann ebenso Muskelkater hervorrufen wie jeder Sport. Eines hat aber die Gartenarbeit der reinen Körperertüchtigung voraus: Sie führt immer zu einem gestalterischen, zu einem grünen, blühenden und oft sogar kulinarischen Ergebnis. Viele im Garten vollbrachten Werke haben Jahrzehnte, wenn nicht ein ganzes Leben lang Bestand.

Dabei muss fast keine Arbeit zur Fron ausarten, wenn Sie sie nur richtig angehen. Dazu soll Ihnen dieses Buch eine Hilfe sein. Es erklärt Ihnen nicht nur, wie Sie Gartenarbeiten richtig, also fachgerecht verrichten, sondern auch, warum Sie dieses tun und jenes lassen können, und nicht zuletzt, wie Sie sich so manche unnötige Anstrengung ersparen können. Die Arbeit im Garten soll schließlich ganz einfach Freude bereiten.

Bodenbearbeitung

Am Anfang war der nackte Fels. Die Sonne erwärmte ihn, Regentropfen höhlten ihn hier und dort allmählich aus, Frost sprengte kleine Partikel von dem harten Stein ab. Algen, erste Moose und Flechten siedelten sich an der Oberfläche an und starben wieder ab. Kleine Humusnester entstanden in dem ausgehöhlten Fels, in denen Gräser und Kräuter gedeihen konnten. Die Humusschicht wurde größer. Mikroskopisch kleine Pilze breiteten ihr Geflecht darin aus, Bakterien siedelten sich an, vermehrten sich und bewältigten die zunehmende Masse an organischem Material. Schließlich konnten an der Oberfläche Sträucher und Bäume wachsen, die jeden Herbst die Erde mit ihrem herabfallenden Laub bedeckten. Längst hatten sich neben Asseln, Tausendfüßlern und zahlreichen Käfern auch Regenwürmer verschiedener Art angesiedelt, vom Kompostwurm *(Eisenia foetida)* bis zum Erdwurm *(Lumbricus terrestris)*, die den Humus mit den Mineralien des Untergrundes vermischten.
Auf diese Weise entstanden auf der mineralischen Grundlage drei Schichten:

Natürliche Bodenschichtung: heller Unterboden, dunkler Oberboden (Mutterboden) und die Humusauflage.

1. Der Unterboden

Er besteht aus den gelösten Mineralien des Ausgangsgesteins und bildet eine Kies-, Sand-, Ton- oder Lehmschicht, meistens eine Mischung aus zwei oder mehreren Ausgangsmaterialien.

2. Der Oberboden

Er besteht aus einer Mischung von Mineralien des Unterbodens, organischem Material aus der Humusauflage und Ton-Humus-Komplexen. Da in dieser Bodenschicht, die bei einem normalen Gartenboden etwa 20–30 cm dick ist, die meisten Gartenpflanzen ihre Nahrung beziehen, nennt man sie allgemein Mutterboden.

3. Die Humusauflage

Sie besteht aus einer dünnen, allmählich verrottenden Schicht von organischem Material, also aus Blättern, abgestorbenen Gräsern und anderem.

Die Mutterbodenschicht ist für uns Gärtner als Grundlage für das Pflanzenwachstum am bedeutsamsten. Je nach Ausgangsgestein und Humuszufuhr ist sie unterschiedlich beschaffen.

Einfache Bodentests

Wenn Sie ein neues Grundstück erwerben, auf dem Sie einen Garten anlegen wollen, testen Sie den Boden zunächst einmal mit ganz einfachen Mitteln:

Handprobe

- Nehmen Sie eine Hand voll Erde und versuchen Sie, sie zu formen: Rieselt Ihnen das Material zwischen den Fingern hindurch, so handelt es sich um einen überwiegend sandigen Boden. Er ist sehr gut durchlüftet, erwärmt sich in der Sonne sehr schnell, kühlt bei Frost aber auch schnell wieder ab. Sein wesentlicher Nachteil: Regen- und Gießwasser rinnt durch die Sandkörner hindurch. Es wird nicht in der oberen Schicht gehalten, in der die Pflanzen wurzeln.
- Lässt sich die Erde zwischen den Handflächen zu einer Wurst rollen, so ist der Boden lehmig oder besteht überwiegend aus Ton. Ein solcher Boden erwärmt sich langsam, kühlt aber auch langsam ab, speichert viel Wasser, nimmt es aber auch schwer wieder an, wenn er einmal ausgetrocknet ist. Nachteil des Lehm-

Bindige Tonerde lässt sich in der Hand kneten und ausrollen.

Sandige Erde rieselt locker zwischen den Fingern hindurch.

Ideale Muttererde: locker, krümelig und dennoch gut strukturiert.

oder Tonbodens: Er ist schlecht durchlüftet. Die Wurzeln bekommen keinen Sauerstoff und können sich in der zähen Masse nur schwer entfalten.

• Bildet die Erde in Ihrer Hand einen Haufen von Krümeln, die locker verbunden sind, ohne gleich durch die Finger zu rieseln, so haben Sie die ideale Struktur eines Mutterbodens. Diese Erde ist sattbraun gefärbt und hat einen angenehm erdigen Geruch. Eine solche Bodenstruktur ist für jeden Garten erstrebenswert.

Mischprobe

Mit der Hand haben wir die physikalischen Eigenschaften des Mutterbodens getestet. Wichtig ist aber auch seine chemische Beschaffenheit. Entnehmen Sie dazu, gleichmäßig über den Garten verteilt, einige Bodenproben. Dafür gibt es im Fachhandel einen speziellen Probestecher. Das ist ein Rohr mit etwa 2 cm Durchmesser, das Sie in den Boden stechen, wieder herausziehen und die entnommene Erde in einen sauberen Eimer ausschütteln.

Es geht aber auch mit dem Spaten: Heben Sie an verschiedenen Stellen eine Scholle aus und streifen Sie mit einer Pflanzschaufel in dem so entstandenen Loch von unten nach oben Erde ab, die Sie wiederum im Eimer sammeln. Die gesammelten Proben vermischen Sie miteinander.

Zur Bodenanalyse sticht man mit dem Spaten eine Erdscholle aus. Mit einer Pflanzschaufel wird die Erde von unten nach oben abgestreift.

pH-Wert messen

Der pH-Wert zeigt den Säuregehalt des Bodens an. Die Skala reicht von 1 bis 14:

- pH 1 bis 4 saurer Boden
- pH 5 bis 6 schwach saurer Boden
- pH 7 neutraler Boden
- pH 8 bis 14 alkalischer Boden

Vom Säuregehalt hängt die Verfügbarkeit aller Nährstoffe für die Pflanzen ab. Das heißt: Auch wenn der Boden durchaus mit Nährstoffen versorgt ist, so können die Pflanzen sie durch ihre Wurzeln nicht aufnehmen, wenn der Boden einen ungünstigen pH-Wert aufweist.

Die meisten unserer Gartenpflanzen gedeihen am besten im schwach sauren bis neutralen Bereich, also zwischen pH 5,5 und 7. Nur Moorbeetpflanzen

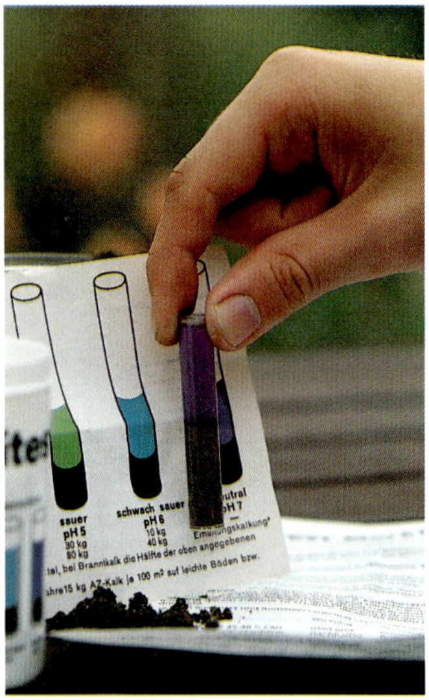

Mit einem käuflichen Test-Set kann man den pH-Wert des Bodens feststellen.

lieben einen Boden-pH der darunter liegt.

Den pH-Wert können Sie selbst durch Testgeräte feststellen, die Sie im Fachhandel bekommen. Es handelt sich dabei entweder um **Teststreifen aus Lackmuspapier** oder ein **Test-Set** aus einem kleinen Reagenzglas und Testpillen bzw. einer Kunststoffschale mit einer Skala und Indikatorflüssigkeit. Die Funktionsweise ist immer ähnlich: Mit Hilfe der Pille, Testflüssigkeit, destillierten Wassers und einer vorgeschriebenen Menge Erde wird eine Lösung angesetzt, die sich nach 2–3 Minuten verfärbt. Die Färbung wird mit einer Farbskala verglichen, aus der Sie dann den pH-Wert ablesen können.

Es gibt auch elektronische pH-Meßgeräte. Deren Anschaffung lohnt sich für den Hobbygärtner jedoch meistens nicht, weil der pH-Wert im Privatgarten nicht ständig gemessen werden muss.

Bodenanalyse im Labor

Ist der Boden in der Hand locker und krümelig und liegt der pH-Wert im günstigen Bereich, so können Sie eigentlich davon ausgehen, dass er auch genügend Nährstoffe enthält und sich die weitere Nährstoffversorgung der Pflanzen mit Kompost und organischem Dünger bewerkstelligen lässt.

Wollen Sie den genauen Gehalt der einzelnen Nährstoffe im Boden erfahren, so senden Sie von der Mischprobe etwa 150–200 Gramm an ein Bodenlabor ein. Neben den staatlichen LUFAs (Landwirtschaftliche Untersuchungs- und Forschungsanstalten), die eine Probe gegen eine geringe Gebühr durchführen, gibt es private Institute, deren Analysen oft wesentlich teurer, aber auch gründlicher sind. Vor allem die Empfehlungen für den gärtnerischen Laien sind verständlicher und ausführlicher. Einige Institute arbeiten auf biologischer Basis und geben auch Ratschläge, wie man einen Nährstoffmangel mit Kompost, Mist oder käuflichem organischem Dünger ausgleichen kann.

Umgraben oder nicht?

Während Sie auf das Ergebnis der eingesandten Bodenprobe warten, können Sie Ihren Gartenboden schon einmal lockern. Da stellt sich die unter Biogärtnern oft heiß diskutierte Frage: umgraben oder nicht?

Der Mutterboden ist ja keine homogene, tote Erdmasse, sondern ein lebendiger Organismus. Unzählige Mikroorganismen haben in für uns unüberschaubaren und an die Bodenverhältnisse angepassten Arbeitsgemeinschaften immer wieder die winzigen Partikel des mineralischen Ausgangsgesteins mit Humus verbunden und die wertvollen Bodenkrümel, die so genannten Ton-Humus-Komplexe, geschaffen, die in der Lage sind, ein hohes Maß an Wasser und Nährstoffen zu speichern und bei Bedarf an die Pflanzenwurzeln abzugeben. Unser Bestreben als Gärtner ist es, zur Bildung möglichst vieler solcher Ton-Humus-Komplexe beizutragen.

Die Bodenbeschaffenheit

Nun ist aber die Mutterbodenschicht von der Oberfläche bis in

20 oder 25 cm Tiefe nicht einheitlich beschaffen. An der Oberfläche erwärmt sie sich schneller, kühlt schneller ab, wird zuerst vom Regen nass, trocknet schneller aus und ist besser durchlüftet als tiefere Schichten. Darauf haben sich auch die Mikroorganismen eingerichtet. Ihr unterirdischer Staat hat an der Oberfläche in einer Tiefe von 5–7 cm ein völlig anderes Gefüge als beispielsweise am Übergang zum Unterboden in 30 cm Tiefe. Wenden wir beim Umgraben die Scholle um, so bringen wir dieses Gefüge völlig durcheinander, das heißt, die Organismen müssen sich neu orientieren, und viele sterben ab. Dennoch ist das Umgraben, also das Wenden der Scholle, in vielen Gartenfällen nicht zu umgehen. Vor allem in einem Garten, der nach dem Neubau eines Hauses verdichtet daliegt, muss der Boden tief und gründlich gelockert werden. Oft ist in einem solchen Boden das Leben ohnehin auf dem Tiefpunkt angelangt, sodass die gründliche Lockerung zur Belebung beiträgt. Dazu gibt es verschiedene Varianten:

Grobscholliges Umgraben mit Wenden der Scholle

Mit dieser gängigsten Methode soll erreicht werden, dass der Frost die Muttererde durchdringt und zerkleinert. Sie wird deshalb im Herbst, möglichst **kurz vor Einbruch des Winters,** angewendet. Um grobe Schollen zu bekommen, zwischen denen dann viele Hohlräume entstehen, hebt man zunächst eine Reihe Erdschollen in Spatenstichtiefe aus und verteilt sie gleichmäßig über der dahinter liegenden Fläche. Nun wird mit der zweiten Reihe begonnen, indem man mit dem Spaten eine möglichst große Scholle absticht, wendet und in dem zuvor ausgehobenen Graben mit Schwung ablagert. Die weiteren Schollen werden gleichmäßig nebeneinander abgestochen und abgelegt, und alle folgenden Reihen in der gleichen Weise bearbeitet. Dass am Ende ein Graben bleibt, macht nichts, denn von dort beginnt man im Frühjahr die Erde mit dem Vierzahn (Krail) durchzuarbeiten, wobei diese Rinne wieder mit Erde gefüllt wird.

Tipp

Versuchen Sie, mit dem Sauzahn oder dem Vierzahn den Boden zu lockern. Gelingt das mit einem dieser Geräte mühelos, so können Sie auf das Umgraben getrost verzichten.

Richtig umgraben: einen kleinen Graben von Spatenstichtiefe ausheben, dann eine Scholle von der Grabenkante abstechen, ...

... umdrehen und die Erde in den Graben fallen lassen. Große Stiche ergeben eine grobschollige Struktur, kleine Stiche eine krümelige Erde.

Graben, ohne die Scholle zu wenden

Hierbei kommt es vor allem auf die gründliche Lockerung der Mutterbodenschicht an, wobei auf die Einwirkung des Frosts weniger Wert gelegt wird. Man kann diese Arbeit deshalb auch **im Frühjahr,** etwa 2–4 Wochen vor dem Säen und Pflanzen, durchführen. Auch hierbei wird am Anfang wieder eine Rinne ausgehoben. Dann sticht man aber eine schmale Scholle ab, hebt sie auf und lässt sie, ohne sie zu wenden, in die ausgehobene Rinne fallen. Durch den Aufprall zerbricht sie in kleinere Klumpen und Krümel. Das Bodenleben wird nicht »auf den Kopf gestellt«. Aber diese Art des Grabens erleichtert das nachfolgende Einarbeiten von Kompost oder anderen Bodenverbesserern in die obere Bodenschicht.

Alternativen zum Umgraben

Ein normaler Gartenboden, der nicht übermäßig verdichtet ist, braucht nicht unbedingt umgegraben zu werden. Er lässt sich aber auch tiefgründig lockern, ohne die Scholle zu wenden oder das durch die Mikroorganismen aufgebaute Gefüge zu zerstören.

Mit der Grabegabel lockern

Stechen Sie dazu die Grabegabel in kurzen Abständen in den Boden und bewegen Sie sie kräftig vor und zurück. So wird die Mutterbodenschicht gelockert, aber das Bodenleben nicht stärker gestört. Wenn sich diese Art der Bodenlockerung in Ihrem Garten bewährt, lohnt sich auch die Anschaffung einer Doppelgrabegabel, die eigens für diesen Zweck gedacht ist. Mit einer Breite von 50 cm lassen sich in kurzer Zeit auch größere Flächen bearbeiten, und die beiden Holme mit den breiten, waagerechten Griffen bieten sich an, die Hebelkraft ausgiebig zu nutzen.

Hacken und lockern

Ist der Boden nur noch vorübergehend an der Oberfläche etwas verfestigt, so lässt er sich leicht mit dem Vierzahn, dem Sauzahn und dem Kultivator bearbeiten.

Der Vierzahn oder Krail

Der Vierzahn, auch Krail genannt, ist ein altbewährtes und vielseitig einsetzbares Gerät zur Bodenlockerung. Man setzt es ein, um grobschollige, verklumpte Erde zu zerkleinern, also eine feinere Struktur in der oberen Bodenschicht zu erzielen. Dazu beginnt man am Ende des Beets die Zinken in kurzen Abständen kräftig in den Boden zu treiben, wobei man sich allmählich immer weiter nach vorn arbeitet. Befinden sich Unkräuter auf dem Beet, so werden diese mit losgehackt und können leicht herausgezogen werden. Bei einem sehr klumpigen Boden empfiehlt es sich, das Beet mehrmals durchzuhacken. Anschließend lässt sich die Fläche mit dem Krail grob planieren, indem man die Erde mit den Zinken gleichmäßig verteilt.

Mit der Doppelgrabegabel lässt sich der Boden tief und gründlich lockern, ohne die Scholle zu wenden.

Sauzahn für Biogärtner

Der Sauzahn ist ebenfalls ein altbewährtes Biogärtnergerät und wie der Krail vielseitig einsetzbar. Voraussetzung ist allerdings ein gut vorgelockerter, nicht allzu klumpiger Boden. Der gebogene Zinken wird kräftig durch die oberen 20 cm der Bodenschicht gezogen. Soll ein Beet zum Säen oder Pflanzen vorbereitet werden, so zieht man den Haken am besten in kurzen Abständen diagonal durch das Erdreich und wiederholt das Gleiche noch einmal in entgegengesetzter Richtung, sodass ein Rautenmuster entsteht. Gut lässt sich der Sauzahn auch zur Lockerung zwischen den Gemüsereihen, zwischen Stauden und anderen Pflanzen einsetzen.

Variabler Kultivator

Der Kultivator ist eine Kombination von mehreren Sauzähnen. Es gibt Geräte, bei denen sich die Anzahl der Zinken auswechseln und deren Anzahl variieren lässt.

Mit einer Feststellschraube können Sie einen, zwei, drei oder fünf Zinken am Schaft eines langes Stiels befestigen. Die Zinken des Kultivators sind zierlicher als der des Sauzahns und gehen nicht so tief in die Erde. Voraussetzung ist also ein bereits gut gelockerter Boden, der an der Oberfläche dann noch einmal fein bearbeitet wird.

Radhacke

Für größere Flächen lohnt sich auch die Anschaffung einer Radhacke, die durch ein Rad geführt wird, hinter der drei Zinken angebracht sind, die den Boden lockern.

Geräte zur schonenden Bodenbearbeitung

1 Der **Vierzahn**, auch **Krail** genannt, ist ein bewährtes und vielseitig einsetzbares Gartengerät. Es eignet sich zum Durchhacken eines grobscholligen Bodens ebenso wie zum groben Planieren und sogar zur Kartoffelernte.

2 Der **Sauzahn** ist das Universalgerät des Biogärtners. Er dient der Vorbereitung eines Gartenbeetes und lässt sich später zur Lockerung des Bodens zwischen den Gemüsereihen wie auch zwischen Stauden einsetzen.

3 Beim **Kultivator** sind bis zu fünf Sauzähne miteinander verbunden. Man kann damit größere Flächen bearbeiten, aber auch mittels einer Schraube die Anzahl der Zähne auf drei oder nur einen reduzieren und so die Erde zwischen den Pflanzen lockern.

4 Die **Rollkrümler-Pendelhacke** zerhackt und zerkrümelt die groben Erdklumpen an der Oberfläche des Beetes. Mit diesem Gerät erreichen Sie eine feinkrümelige Struktur, wie man sie zur Aussaat auf dem Gartenbeet benötigt.

Mittel zur Bodenverbesserung

Ist die Mutterbodenschicht gut gelockert, können Sie Kompost, Gesteinsmehl oder organischen Dünger auf der Fläche verteilen und gleich mit in die obere Schicht einarbeiten. Die Materialien werden gleichmäßig über die bereits grob planierte Oberfläche verstreut und mit dem Vierzahn eingehackt oder mit dem Sauzahn in den Boden gezogen.

Feinkrümelige Oberfläche

Es gibt auch andere Geräte, mit denen Sie die Oberfläche feinkrümelig bearbeiten können. So zum Beispiel die Rollkrümler-Pendelhacke mit mehreren nebeneinander liegenden Zahnrädern, die die obere Schicht des Bodens fein zerkrümeln, wenn Sie sie nur immer hin- und herziehen. Auch der Kombikrümler von Wolf bereitet die Oberfläche feinkrümelig vor. Voraussetzung ist aber immer eine gute, tiefere Lockerung der Bodenflächen.

Unentbehrlicher Rechen

Der Rechen ist dazu bestimmt, die Oberfläche glatt zu ziehen und fein zu planieren. Hierzu bewegt

Der Rechen ist ein unentbehrliches Gartengerät zum Glätten der Beetoberfläche und zum Verteilen von Kompost und Dünger.

man die Zinken in der oberen Bodenschicht hin und her und zieht dabei grobe Bestandteile wie Steine, Wurzeln und grobe Klumpen mit heraus.

Eigentlich versteht es sich von selber, dass sich ein trockener Boden leichter bearbeiten lässt als ein zu nasser. In einem sehr trockenen Boden keimt der Samen nicht, und frisch gesetzte Jungpflanzen vertrocknen. Deshalb muss trockene Erde vor dem Säen und Pflanzen befeuchtet werden. Lockern Sie den Boden also erst grob und beregnen Sie ihn so lange, bis er gut befeuchtet, aber nicht nass ist. Dann hacken Sie ihn einmal durch. Reicht das nicht, so wiederholen Sie das Wässern und Hacken so lange, bis der Boden ohne zu verschlämmen gleichmäßig von Feuchtigkeit durchdrungen ist.

Lockerung verdichteter Böden

Manche Böden sind für den Gärtner nur schwer urbar zu machen. Sei es, dass der Unterboden aus hartem Fels oder einer anderen undurchdringlichen Schicht besteht und eine nur dünne Mutterbodenauflage besitzt oder dass der Boden beim Bau des Hauses arg strapaziert und verdichtet wurde.

Achtung beim Hausbau

Zwar wird heutzutage in aller Regel der Mutterboden sorgfältig zur Seite geschoben, bevor man mit dem Hausbau beginnt. Aber der Unterboden wird durch schwere Baumaschinen meist dennoch derart verdichtet, dass er, je nach Beschaffenheit, hart wie Beton und wasserundurchlässig wird. In diesem Fall ist es ganz wichtig, darauf zu achten, dass der Mutterboden nicht gleich wieder einfach auf die untere Bodenschicht geschoben wird. Sonst entsteht nämlich unweigerlich Staunässe. Das heißt, das durch den Boden sickernde Wasser kann durch die verdichtete Unterbodenschicht nicht abfließen und staut sich in der darüber ausgebreiteten Mutterbodenschicht an, sodass die Wurzeln keinen Sauerstoff bekommen und verfaulen. Diese verdichtete untere Bodenschicht muss also auf jeden Fall aufgerissen werden, damit überschüssiges Wasser abfließen kann.

Bei manchen Neubauten wird während der Geländeplanie auch die Unterbodenschicht teilweise oder ganz abgeräumt. Später macht man es sich dann leicht und planiert die Mutterbodenschicht einfach auf das Ausgangsgestein auf. Dass hier kein gesundes Bodengefüge entstehen kann, liegt auf der Hand, entwickelt sich doch der Mutterboden fortlaufend aus den Mineralien des Untergrundes sowie aus dem Humus an der Oberfläche. Hier muss also eine Verbindung geschaffen werden zwischen dem Ausgangsgestein und dem Unterboden einerseits sowie Unterboden und Ober- oder Mutterboden andererseits.

Maschinen zur Bodenbearbeitung

Wenn Sie einen stark verdichteten Gartenboden mit einfachen Handwerkzeugen bearbeiten wollen, haben Sie sich ein hohes Ziel gesteckt. Sie müssten dazu nämlich erst die Unterbodenschicht umgraben oder das Ausgangsgestein mit der Kreuzhacke lockern und anschließend Unterboden oder Mutterboden auf den gelockerten Untergrund auftragen.

Minibagger

In solchen Fällen ist der Einsatz einer Maschine empfehlenswert, manchmal sogar unabdingbar. Wenn Sie sich zutrauen, selber damit umzugehen, so können Sie sich geeignete Maschinen, zum Beispiel einen Minibagger, von einer Firma mieten, die Baumaschinen verleiht. Andernfalls lassen Sie die Lockerung und Planierung Ihres Gartens besser gleich von einer Fachfirma ausführen.

Achten Sie darauf, dass der Bagger den Boden durch unnötiges Umherfahren nicht neu verdichtet. Im Idealfall beginnt er mit der Lockerung des Bodens im hinteren Gartenbereich und schüttet abschnittsweise den Mutterboden wieder auf. So arbeitet er sich allmählich aus dem Garten heraus, trägt also zum Schluss den Mutterboden am Straßenrand auf.

Tiefpflügen

Wohnen Sie auf dem Land und haben einen Bauern in Ihrer Nachbarschaft, so können Sie ihn bitten, den Unterboden mit dem Pflug aufzureißen. Mit der Schaufel seines Traktors kann er dann den Oberboden auftragen. Lässt es sich dabei nicht vermeiden, wieder auf den gelockerten Unterboden zu fahren, so legen Sie entweder Bohlen aus, auf denen er fährt, oder verteilen einen Teil des Mutterbodens mit Schaufel und Schubkarre.

In aller Regel ist Mutterboden, der lange auf einer Miete gelegen hat, sehr grobklumpig und lässt sich an der Oberfläche nur schwer bearbeiten. Da helfen dann eigentlich nur Umgraben und die Nachbearbeitung mit dem Vierzahn.

Mit Motorhacke oder Fräse?

Glücklicherweise gibt es auch dafür Maschinen: eine Fräse, die mit mehreren nebeneinander liegenden Zinkenrädern die klumpige Erde an der Oberfläche zerkleinert, sowie eine Motorhacke, die eigentlich das Gleiche tut. Die Unterschiede beider Maschinen liegen in der Größe und darin, dass die Fräse eine angetriebene Achse mit zwei Rädern besitzt, wohingegen sich die Motorhacke allein durch die Zinkenräder vorwärts bewegt. Die Fräse ist wesentlich schwerer und drückt aufgrund ihres Gewichts auch tiefer in die Erde hinein. Sie hat einen stärkeren Motor als die Motorhacke und schafft es also auch, sehr festes und klumpiges Erdreich zu zerkleinern. Die Bearbeitungstiefe einer Fräse liegt bei etwa 20 cm. Eine Motorhacke dringt nur in einen bereits gelockerten Boden so tief ein. Bei einem Problemboden hoppelt sie mit ihren Zinken leicht darüber hinweg.

Diese beiden Maschinen können durchaus eine große Hilfe sein, einen problematisch klumpigen Boden zu lockern. Allerdings braucht man viel Kraft, um sie in der Spur zu halten und in den Boden zu drücken. Zudem reicht meistens eine einmalige Bearbeitung der Fläche nicht aus. Man muss also drei bis vier Mal hindurchhacken oder fräsen, bis der Boden die gewünschte Lockerheit erhalten hat.

Wirklich empfehlenswert ist eine solche Maschine nur bei der ersten Bearbeitung eines neu aufgetragenen Mutterbodens, wenn die Grundlage dafür geschaffen werden soll, dass man ihn später mit Handwerkzeugen bearbeiten kann. Die Anschaffung einer solchen Maschine lohnt sich also in den meisten Fällen nicht.

Die Motorhacke bewegt sich, während sie die Erde zerkleinert, mit ihren Hackwerkzeugen vorwärts.

Bei der Fräse werden zwei Räder angetrieben. Unabhängig davon arbeitet das hinten angeschlossene kraftvolle Fräswerk.

Kompost: Sparbüchse und Bodenverbesserer

Der Kompost ist die Sparbüchse der Gärtners. Alles, was an Unkraut, Blättern, Gemüseresten, Kartoffelschalen und anderem organischen Material in Garten und Küche anfällt, kommt auf den Komposthaufen. Dort verrottet es und wird als wertvoller Dünger wieder dem Kreislauf zugeführt oder dient als Grundlage für selbst gemischte Erde.

Was darf auf den Kompost?

Grundsätzlich alles Verrottbare: Pflanzenreste, Küchenabfälle, Bettfedern, Wolle, Papier, Wellpappe ...

Ausgenommen sind allerdings Pflanzenabfälle, die von hartnäckigen Krankheitserregern befallen sind wie zum Beispiel der Kohlhernie oder dem Feuerbrand. Nicht auf den Komposthaufen sollte auch bunt bedrucktes Hochglanzpapier. Zeitungs- und anderes Papier darf in kleinen Mengen zugegeben werden, und Wellpappe eignet sich sogar hervorragend zum Abdecken des Komposthaufens.

Umstritten sind die Schalen von Zitrusfrüchten sowie Bananen.

Ein vorbildlicher Kompostplatz im Schatten mit Komposthaufen in verschiedenen Altersstufen und einer Komposthorde.

Hierbei kommt es sicher auf die Menge an. Zerkleinern Sie die Schalen und mischen Sie sie gut unter die anderen Abfälle. Gekochtes und Fleischabfälle haben auf dem Kompost eigentlich nichts verloren. Aber auch hierbei kommt es immer auf die Mengen an. Gelegentlich ein paar Knochen schaden der Entwicklung der Lebewesen im Kompost nicht.
Dass Glas, Plastik, Metall und Steine aller Art nichts im Komposthaufen zu suchen haben, versteht sich von selbst.

Kompost aufsetzen:

1 Zwischen jede Lage streut man Gesteinsmehl als mineralische Komponente oder einen Kompostbeschleuniger.

2 Ein fest verwurzelter alter Topfballen wird grob zerkleinert und in der Mitte des Komposthaufens vergraben.

3 Eine abschließende Abdeckung aus pflanzlichem Material schützt den Kompost vor Schlagregen und Kälte.

4 Die feinen Bestandteile werden aus dem reifen Kompost herausgesiebt. Grobes Material kommt als »Impfung« in den neuen Kompost.

Der Kompostplatz

Er sollte auf jeden Fall gut zugänglich sein, mindestens zwei Kompostlegen beherbergen können und am besten im lichten Schatten von Gehölzen liegen. Ideal ist ein Holunderstrauch in der Nachbarschaft des Komposts, der Nährstoffüberschüsse aus dem Boden aufnimmt. So genannte Heiß- oder Solarkomposter werden an einem vollsonnigen Standort aufgestellt. Egal, nach welcher Methode Sie kompostieren: Lockern Sie auf jeden Fall den Unterboden, bevor Sie die Abfälle aufsetzen.

Abfälle sammeln und aufsetzen

Ideal ist es, wenn ein frisch aufgesetzter Komposthaufen in der ersten Phase seiner Rotte in seinem Innern eine Temperatur von 60–80 °C entwickelt. Dabei werden Unkrautsamen und Krankheitskeime abgetötet. Um dies zu erreichen, muss man aber eine **möglichst große Menge** gut miteinander vermischter Abfälle unterschiedlicher Art gleichzeitig aufsetzen. In aller Regel fallen aber so viele Abfälle nicht auf einmal in einem Garten und Haushalt an. Im Gegenteil: Wer manches wachsen lässt und außerdem viel mulcht, gibt nur gelegentlich einen Eimer voll Abfälle auf den Kompost. Richten Sie sich deshalb immer einen Haufen zum Sammeln ein, am besten eine Box.

Haben Sie eine größere Menge zusammen, so mischen Sie die Abfälle gut durch, zerkleinern Grobes und setzen das Ganze auf einen Haufen auf. Die maximale Breite eines Komposthaufens sollte am Fuß 3 m, die Höhe 1,20 bis 1,50 m betragen. Mischen Sie beim ersten Mal einen **Kompoststarter** unter die Abfälle, später reicht es aus, den Haufen mit ein paar Schaufeln des vorangegangenen fertigen Komposts zu »impfen«. Abschließend wird der Haufen mit Grasschnitt, Laub, Wellpappe oder alten Rohrmatten abgedeckt.

Kompostbehälter

Kompostboxen oder Thermokomposter, Heiß- oder Solarkomposter und wie sie alle heißen, eignen sich für kleine Gärten. In den geschlossenen Kunststoffkompostern entwickelt sich besonders viel Wärme, wenn man sie auf einmal füllt. Allerdings kann es auch zu Fäulnis kommen, wenn der Anteil feuchter Materialien zu hoch ist. Achten Sie also auf die richtige Erdfeuchte und lockern Sie das Material immer wieder. Notfalls mischen Sie feingehäckseltes trockenes Material darunter.

Im Thermokomposter kann man aus Garten- und Küchenabfällen schnell wertvollen Kompost gewinnen.

Verwendung des Komposts

Ist der Kompost locker, dunkelbraun, aber noch faserig, so befindet er sich in halb reifem Zustand. In dieser Phase enthält er **den größen Anteil an Nährstoffen** und Mikroorganismen. Wenn Sie ihn jetzt einarbeiten, reichern Sie den Boden am meisten an. So können Sie ihn im Herbst oder im Frühjahr, etwa 3–4 Wochen vor der Bestellung, auf die Beete bringen.

Für **Pflanzlöcher, Saatrillen** und zur Herstellung eigener **Kulturerden** muss der Kompost ausgereift, also zu Erde geworden sein. Dann ist er immer noch reich an Nährstoffen und Mikroorganismen, rottet aber nicht mehr im Boden weiter.

Zur **Verwendung auf dem Beet** hacken Sie den Kompost mit dem Vierzahn los und schaufeln ihn in die Schubkarre zum Transport auf das Beet. Zur Bereitung von Saatbeeten, Frühbeeten und zur Herstellung eigener Erden empfiehlt es sich, ihn durch ein Erdsieb zu werfen.

Auf einen Blick

- Es gibt verschiedene Bodentests, mit denen Sie den Zustand des Bodens bestimmen können.
- Bei verdichteten und bindigen Böden ist Umgraben unumgänglich.
- Mit Kompost, Gesteinsmehl und organischem Dünger lässt sich die Bodenstruktur verbessern.
- Alternativen zum Umgraben sind das Lockern mit der Doppelgrabegabel, dem Krail, dem Kultivator und dem Sauzahn.
- Bei einem durch Baumaßnahmen verdichteten Boden muss erst der Unterboden gelockert werden, bevor man den Mutterboden aufträgt.
- Bei stark verdichteten Böden wird Maschineneinsatz nötig. Auch er verlangt jedoch Geschick und kostet Kraft.
- Der Kompost ist die Sparbüchse des Gärtners. Die Abfälle sollten gesammelt und dann in größerer Menge zusammen aufgesetzt werden.

Säen und Pflanzen

Mit der Aussaat beginnt das Pflanzenwachstum in unserem Garten. Viele Pflanzen lassen sich gar nicht anders vermehren oder überhaupt im Garten ansiedeln als durch Aussäen, es sei denn, wir kaufen sie als bereits herangezogene Jungpflanzen. Andere können wir sowohl durch Aussaat (generativ) als auch durch Stecklinge oder bestimmte Pflanzenteile (vegetativ) vermehren. Die vegetative Vermehrung ist meistens die einfachere, ohne Risiko, zumal die Mutterpflanze ja erhalten bleibt. Bei der Aussaat erhält man jedoch oft schönere, kräftigere Sämlingspflanzen. Deshalb lohnt sich diese Art der Vermehrung, auch wenn sie meist mehr Sorgfalt und Geduld verlangt als die vegetative Methode.

Aussaat in Gefäßen, auf der Fensterbank oder unter Glas

Gewächse, die in wärmeren Regionen zu Hause sind oder deren feine Sämlinge in der vergleichsweise groben Gartenerde übersehen werden und leicht verloren gehen, sowie natürlich Pflanzen, deren Anzucht ohnehin recht schwierig ist, säen wir in Gefäßen aus. Wer kein Gewächshaus besitzt, stellt die Saatschalen, Kisten oder Töpfe auf der Fensterbank auf.

Erde selbst mischen

Natürlich gibt es im Handel Aussaaterden, die keimfrei sind und sich für die Aussaat aller gängigen Gartenpflanzen eignen. Sie können diesen Erden durchaus insofern trauen, dass die Saat aufgeht – vorausgesetzt, Sie haben sonst alles richtig gemacht. Diese Erden werden aber größtenteils auf Torfbasis hergestellt. Umweltbewußte Gärtner wollen möglichst nicht zum Torfabbau beitragen und suchen nach Alternativen, die hier aufgezeigt werden sollen.

Eigenschaften der Aussaaterde

Eine Aussaaterde muss besonders feinkrümelig sein, damit die junge Keimwurzel sofort Halt bekommt und sich verzweigen kann. Sie muss locker und durchlässig sein und dennoch ein stabiles Gefüge haben. Aussaaterde braucht nur äußerst geringe Nährstoffvorräte, denn die Samen sollen darin ja nur keimen und Wurzeln bilden. Die Sämlinge werden, sobald sie zwei Keimblättchen gebildet haben, in etwas nahrhaftere Erde pikiert. Ganz wichtig ist aber: Aussaaterde muss frei sein von Krankheitskeimen.

Kompost und Sand

Viele schnell keimende Samen können Sie ganz einfach in Sand aussäen, wo sich die Keimwurzel des Sämlings bereits erstaunlich reich verzweigt. Bei langsamer keimenden Pflanzen sollten Sie dem Sand noch andere Bestandteile hinzufügen. Haben Sie eine gute Kompostwirtschaft betrieben, bei der die Garten- und Küchenabfälle zerkleinert und gut miteinander vermischt verrottet sind, ohne Fäulnis und zurückbleibende Krankheiten und Schädlinge, so können Sie den Kompost durchaus zur Herstellung Ihrer Aussaaterde verwenden – vorausgesetzt, er ist völlig verrottet, also zu Komposterde geworden. Eine weitere Komponente können Torfersatzstoffe sein wie Rindenhumus oder Kokosfaser. In jüngerer Zeit durchgeführte Tests an verschiedenen Versuchsanstalten haben Holzfa-

Die Bestandteile Sand, Komposterde, Hornspäne und Gesteinsmehl dienen als Rohstoffe für eigene Kulturerden.

Sie werden durch mehrmaliges Hin- und Herschaufeln miteinander vermischt und dabei auch mit Wasser befeuchtet.

Locker, feinkrümelig und von gleichmäßiger Struktur – in einer solchen Erde können unsere Pflanzen gut gedeihen.

sern als den zuverlässigsten Torfersatz ausgewiesen. Holzfasern sind auch in verschiedenen torffreien Erden enthalten, die man im Handel bekommt.

Auch Gartenerde kann mit in die Aussaaterde gemischt werden. Allerdings kommt es dann auf ihre Beschaffenheit an. Je lehmiger sie ist, desto weniger lässt sich davon verwenden. Wollen Sie zum Beispiel Gurken, Kürbis oder Bohnen vorkultivieren, so kann die Erde etwas nährstoffreicher und fetter sein als bei staubfeinem Staudensamen.

Keimfreie Erde

Ein weiterer strittiger Punkt ist die Sterilität. Für den Profigärtner, der große Mengen einer Art aussät und heranzieht, ist es von großer Bedeutung, dass keine Krankheitsherde entstehen. Da aber in den Gärtnereien immer und immer wieder die gleichen Kulturen großgezogen werden, ist die Gefahr, dass sich bestimmte Krankheiten ausbreiten, viel größer als bei Ihren Anzuchten mit nur wenigen kleinen Aussaatschalen. Außerdem kann der Kompost Unkrautsamen enthalten, die dann schneller keimen als das Gesäte und dessen Keimlinge behindern. Haben Sie heikle Pflanzen, bei denen Sie kein Risiko eingehen wollen, so können Sie die Gartenerde und den Kompost ganz einfach sterilisieren. Sieben Sie diese Erden zunächst ganz fein und breiten Sie sie auf einem Backblech aus. Dieses Blech schieben Sie in den Backofen und erhitzen die Erde für etwa 20 Minuten auf 120 Grad. Dann ist sie keimfrei.

Basismischung

Nachdem die Erde wieder abgekühlt ist, mischen Sie sie mit den Zuschlagstoffen Sand und Kokosfaser. Zur Wasserspeicherung geben Sie noch, ganz fein darübergepudert und untergemischt, etwas Bentonit dazu. Gemischt wird, indem Sie drei Haufen der Materialien in den gewünschten Mengen auf einem Tisch ausbreiten und mit den Händen oder einer Pflanzschaufel so lange hin und her mischen, bis die einzelnen Bestandteile nicht mehr erkennbar sind. Dann benetzen Sie die Erde mit einer feinen Brause und mischen so lange, bis sie von einer leichten Erdfeuchte durchdrungen ist.

Nach dieser Methode können Sie unterschiedliche Mischungen herstellen. Als Basismischung nenne ich Ihnen mein Rezept: zwei Teile Flusssand (aus der Kiesgrube, wie man ihn zum Bauen verwendet), zwei Teile Holzfaser, ein Teil Komposterde (ggf. sterilisiert), ein Teil Lauberde, etwas Bentonit.

Tipp

Auch die Erde von Maulwurfshaufen können Sie verwenden. Durch seine schaufelartigen Pfoten hat der Maulwurf die Erde von allen störenden Wurzeln sowie Insektenlarven, Drahtwürmern und dergleichen gereinigt, bevor er sie an die Oberfläche befördert.

Tipp

Vieles, was sonst in die Wertstoffsammlung kommt, können Sie für die Aussaat wieder verwenden: zum Beispiel die flachen Holzkistchen, in denen im Feinkosthandel Feigen angeboten werden: Sie brauchen dort nur noch Löcher hineinzubohren. Auch Joghurtbecher, Frischkäseschalen und ähnliches, bei denen Sie die Löcher mit einem an einer Kerzenflamme erhitzten Schraubenzieher einbrennen, können Sie verwenden. Ebenso die vielen Verpackungselemente aus Styropor, durch die Sie die Abzugslöcher einfach mit einem spitzen Gegenstand hineinstoßen.

Diese Mischung können Sie in den Anteilen variieren. Wollen Sie zum Beispiel einmal den Versuch machen, Kakteen auszusäen, so nehmen Sie vielleicht drei Teile Sand und weniger Kompost. Bei Alpenveilchen empfehle ich zwei Teile Lauberde. Früher waren die Erdmischungen ein Betriebsgeheimnis eines jeden Gärtners. Schade, dass davon kaum etwas überliefert ist. Experimentieren Sie also selber.

Aussaatgefäße

In der Regel verwendet man flache Kisten oder Schalen, in die man keine großen Mengen Aussaaterde füllen muss. Sie können aber auch Blumenschalen oder sogar Töpfe verwenden. Dabei spielt es keine Rolle, aus welchem Material diese Gefäße bestehen, ob es sich dabei um Holzkistchen, Plastiktöpfe, Styroporkästen oder Tonschalen handelt. Die Sämlinge bleiben ohnehin nur vorübergehend darin. Wichtig ist jedoch eins: Die Gefäße müssen sauber sein. Verwenden Sie Holzkistchen, so müssen diese neu, also als Aussaatgefäß ungebraucht sein, bei Tontöpfen und Schalen können Sie ebenfalls neue verwenden oder nachdem Sie sie in heißem Wasser ausgespült haben. Plastik- und Styroporgefäße lassen sich wieder verwenden, wenn sie ebenfalls mit heißem Wasser gereinigt wurden. Sie brauchen nicht extra Aussaatgefäße zu kaufen.

Wichtig ist immer: Der Wasserabzug muss gewährleistet sein. Bei höheren Gefäßen empfiehlt es sich deshalb, eine Dränageschicht, etwa einen Zentimeter dick, aus Tonscherben, Kies oder Splitt einzubringen.

Vorbereitung der Aussaat

Darüber wird die Aussaaterde eingefüllt, ganz locker und gleichmäßig bis dicht unter den Rand des Gefäßes. Wichtig: Rundum am Rand muss die Erde mit den Fingern oder der Kante eines Brettchens nachgestopft werden. Andernfalls rutscht sie von selber nach, wodurch den jungen Wurzeln wieder der Halt genommen wird. Mit einem Brettchen streichen Sie dann die Oberfläche der Erde im Gefäß glatt, sodass bis zum Rand etwa ein Zentimeter Raum bleibt. Dieser Abstand ist aus zwei Gründen von Vorteil: Erstens: Sie können eine Glasscheibe oder eine durchsichtige Folie über das Gefäß legen, unter der die Samen schneller keimen. Zweitens: Sind die Samen aufgelaufen und wird Glas oder Folie entfernt, so sind sie durch den Gefäßrand dennoch ein wenig gegen Zugluft geschützt. Die Erde trocknet nicht so schnell aus. Bei feinem Samen ist es vorteilhaft, die Oberfläche der eingefüllte Aussaaterde mit einem Brettchen leicht anzudrücken.

Saatguttest

Manche Samen behalten ihre Keimfähigkeit sieben oder acht Jahre lang, sofern man sie trocken, gut verschlossen und dunkel aufbewahrt. Andere Samen keimen bereits nach einem Jahr nicht mehr.

Der Saatguttest zeigt bereits nach wenigen Tagen, ob der Samen noch genügend keimfähig ist.

Hilfreich ist es deshalb, die Samentüten mit dem Datum des Kaufs oder der eigenen Samenernte zu versehen. Dennoch bestehen immer wieder Zweifel, ob der Samen noch keimen wird oder nicht. Bevor Sie mit viel Mühe die Erde und Gefäße herrichten und der Samen dann doch nicht aufgeht, machen Sie einen Saatguttest. Zählen Sie eine bestimmte Anzahl von Samenkörnern ab, zum Beispiel 50, und legen Sie diese auf einem angefeuchteten Küchenpapier aus. Anschließend bedecken Sie die Samen wieder mit einem feuchten Küchenpapier. Das Ganze stellen Sie auf die warme Fensterbank. Nach einigen Tagen beginnen die Samen zu keimen. Nun zählen Sie nach. Sind etwa 80 Prozent gekeimt, so können Sie den Samen bedenkenlos aussäen. Bei 60 Prozent sollten Sie dichter säen als gewohnt. Gehen weniger als die Hälfte der Samen auf, so lohnt sich der Kauf einer neuen Samentüte. Handelt es sich dabei um seltenes selbst gesammeltes oder von einem Sammler erhaltenes Saatgut, so gehen Sie natürlich jedes Risiko ein, um vielleicht doch ein paar Pflanzen zu erhalten.

Licht- oder Dunkelkeimer?

Manche Samen keimen nur, wenn Sie dem Licht ausgesetzt sind. Besonders deutlich wird dies bei so genannten Samenunkräutern. Sie bleiben lange im Verborgenen des Bodens, aber wenn Sie den Boden einmal gelockert haben, dann gehen die Samen der Wildkräuter kurz darauf zu Tausenden auf. Mit dem Graben oder Hacken haben Sie die Samen an die Oberfläche geholt, sodass sie keimen können. Zahlreiche Sommerblumen und manche Stauden sind ebenfalls Lichtkeimer.

Dunkelkeimer müssen dagegen immer bedeckt sein. Ein schattiger Standort fördert oft die Keimung.

So gelingt die Aussaat:

1 Die Aussaaterde in eine saubere flache Kiste locker einfüllen, an den Rändern mit den Händen festdrücken und noch einmal nachfüllen.

2 Gleichmäßig und dünn wird nun der Samen direkt aus der Tüte auf der geglätteten Oberfläche verteilt.

3 Danach die frische Saat dünn und fein mit Aussaaterde übersieben (außer bei Lichtkeimern) und die Oberfläche mit einem glatten Brett andrücken.

4 Behutsames, aber gründliches Wässern ist wichtig, damit die Samen dicht von der Erde umschlossen sind und im feuchten Milieu bald keimen können.

Zu ihnen gehören zum Beispiel Stiefmütterchen. Bei den meisten unserer Kulturpflanzen spielt dies jedoch keine entscheidende Rolle. Der Samen wird im Aussaatgefäß dünn übersiebt. Wichtiger als Licht oder Schatten sind eine gleichmäßige Feuchtigkeit und die richtige Keimtemperatur.

Der Samen ausgesprochener Lichtkeimer wird dünn auf der bereits leicht verfestigten Oberfläche ausgesät und anschließend mit einem Brettchen nochmals angedrückt.

Dunkelkeimersamen sät man auf der lockeren Oberfläche aus, übersiebt ihn in doppelter Dicke des Samens mit der Aussaaterde oder Sand, drückt dann an und sprüht die Oberfläche sanft, aber gründlich mit Wasser ein.

Dicke und feine Samen

Dickere Samen wie die von Bohnen, Melonen, Kürbis und ähnliche werden in die lockere Aussaaterde gedrückt und die so entstandenen Löcher einfach mit der gleichen Erde geschlossen.

Als Faustregel kann gelten, dass die meisten sehr feinen Samen zu den Lichtkeimern gehören, ebenso solche Samen, denen kleine Fallschirme (Löwenzahn, Clematis) anhaften, von denen man also weiß, dass sie durch den Wind übertragen werden, oder Samen, die aus Kapseln herausgeschleudert werden (Mohn). Samen, die in Früchte verpackt sind, passieren oft erst den Darm eines Tiers und keimen dann; es handelt sich um Dunkelkeimer.

In feuchtwarmer Luft unter Glas oder Folie geht die Saat in den Schalen und Kisten schnell auf. Nun müssen die Sämlinge baldmöglichst pikiert werden.

Aussaattermine

Der richtige Zeitpunkt der Aussaat richtet sich nach dem Entwicklungsrhythmus der Pflanze. Bei den Pflanzen, die wir auf der Fensterbank oder im beheizten Gewächshaus aussäen, liegt er größtenteils in der Zeit zwischen Januar und April. Samen mit einer längeren Keimdauer sät man möglichst früh aus. Schnell keimende Samen sollte man erst aussäen, wenn sie zügig weiterkultiviert werden können. Dies gilt vor allem für die Aussaat auf der Fensterbank. Sät man dort beispielsweise Tomaten bereits im Februar aus, so keimen diese dort innerhalb von drei bis vier Tagen. Bereits nach ein bis eineinhalb Wochen müssen sie pikiert werden, sonst werden sie lang und »geil«, bekommen also lange, dünne und schwächliche Triebe. Dies ist aber infolge Platzmangel auf der Fensterbank oft nicht möglich. Deshalb sollte man Tomaten auf der Fensterbank erst gegen Ende März aussäen. Die Pflanzen sind dann noch ziemlich klein, wenn man sie im Mai auspflanzt, aber sie holen die größeren aus dem Handel innerhalb weniger Wochen ein und tragen im Sommer genauso reich. Frühe Aussaat lohnt sich nicht immer.

Frost- oder Kaltkeimer

Manche Samen keimen erst, wenn sie die winterliche Kälte genossen haben. Stellen Sie sich eine Staude im Hochgebirge vor.

Kaltkeimer

Adonisröschen – *Adonis vernalis*
Alpen-Mannstreu – *Eryngium alpinum*
Arnika – *Arnica montana*
Bergenie – *Bergenia cordifolia*
Besenheide – *Calluna vulgaris*
Christrose – *Helleborus*-Arten
Dreiblatt – *Trillium*-Arten
Duftveilchen – *Viola odorata*
Enzian – *Gentiana*-Arten
Eisenhut – *Aconitum napellus*
Etagenprimel – *Primula beesiana, P. bulleyana*
Frauenmantel – *Alchemilla mollis*
Glockenblumen – *Campanula*-Arten
Küchenschelle – *Pulsatilla vulgaris*
Lampionblume – *Physalis alkekengi*
Leberblümchen – *Hepatica nobilis*
Lerchensporn – *Corydalis*-Arten
Pfingstrosen – *Paeonia*-Arten
Purpurglöckchen – *Heuchera*-Arten
Ranunkeln – *Ranunculus*-Arten
Schachbrettblume – *Fritillaria meleagris*
Schlangenkopf – *Chelone obliqua*
Schlüsselblume – *Primula veris*
Schwertlilien – *Iris*-Arten
Staudenphlox – *Phlox paniculata*
Steinbrech – *Saxifraga*-Arten
Sterndolde – *Astrantia major*
Silberdistel – *Carlina acaulis*
Silberkerze – *Cimicifuga*-Arten
Tränendes Herz – *Dicentra spectabilis*
Trollblume – *Trollius europaeus*
Türkenbund – *Lilium martagon*
Tulpen – *Tulipa*-Wildarten
Waldrebe – *Clematis*-Arten
Wiesenraute – *Thalictrum*-Arten
Winterling – *Eranthis hyemalis*
Witwenblume – *Scabiosa caucasica*
Zierlauch – *Allium*-Arten

Während des kurzen Sommers hat sie geblüht, Samen angesetzt. Schließlich sind die Samenkapseln geplatzt und haben die Samenkörner rund um die Staude verstreut. Würden die Samen sofort auflaufen, so hätten die zarten Sämlinge kaum Chancen, den nachfolgenden Winter zu überdauern. Aber die Samen sind von einer harten, gegen Frost und Feuchtigkeit widerstandsfähigen Schale umgeben und haben Hemmstoffe in ihrem Gewebe eingelagert, die den Beginn der Keimung verzögern. Bevor die Samen dieser Pflanzen also keine Kälteperiode erlebt haben, keimen sie nicht. Erst wenn sie einige Wochen lang kalten Temperaturen ausgesetzt sind, bauen die Samen ihre Hemmstoffe ab, weicht ihre Schale allmählich auf, sodass sie bei wärmeren Temperaturen zu keimen beginnen.

Keimung nach der Kälte

Die Bezeichnung »Frostkeimer« lässt vermuten, dass unbedingt Frosttemperaturen erforderlich seien, um die Samen zum Keimen zu bringen. Meist reicht jedoch eine mehrwöchige Kälteperiode mit Temperaturen um den Gefrierpunkt herum. Viele Stauden in unseren Gärten sind ebenfalls Kaltkeimer. Und wir müssen zu ihrer weiteren Vermehrung oft gar nichts tun. Ihre Sämlinge tauchen plötzlich von selber auf. Da heißt es: nicht gleich jeden wild wachsenden Keimling herausreißen, sondern abwarten, was sich daraus entwickelt. Wer seine Gartenstauden jedoch gezielt durch Samen vermehren will, braucht oft viel Geduld, die sich aber meist auszahlt. Voraussetzung: Es muss sich bei den Stauden um reine Arten, nicht um Hybridsorten handeln.

Wählen Sie zum Aufstellen der Saatgefäße einen geschützten, schattigen Platz im Freien oder im Frühbeetkasten. Zum Schutz vor Mäusen empfiehlt es sich, die Saatgefäße mit einer Glasscheibe abzudecken. Wenn Sie so die Gefäße mit einer dicken Lage Schnee abdecken, vermitteln Sie den Samen ein wenig alpine Atmosphäre.

Wichtig: während wärmerer Perioden die Glasscheiben zum Lüften etwas anheben, die Erde bei Trockenheit befeuchten.

Im März werden die Saatschalen auf die warme Fensterbank oder ins beheizte Gewächshaus geholt. Dort kommen die Samen zum Keimen.

Tipp

**Wenn die Saat nicht aufgeht, ist dies kein Grund, den Inhalt der Saatschale auf den Kompost zu werfen. Manche Samen keimen erst im zweiten Jahr nach der Aussaat.
Also: Die Erde in den Gefäßen weiterhin feucht halten, bei Sonne schattieren und abwarten. Geduld zahlt sich aus.**

Pikieren und Umpflanzen

In der Saatschale sollen die Samen nur keimen. Nach dem Auflaufen wachsen die meisten von ihnen schnell heran, bilden in der Aussaaterde lange Wurzeln und oberirdisch zwei Keimblätter. Bald berühren diese Blättchen einander. Infolge der Enge und des Lichtmangels wachsen die Sämlinge lang und dünn dem Licht entgegen. So weit darf es nicht kommen. Die Sämlinge müssen, sobald sie sich mit den Fingern greifen lassen, pikiert, also vereinzelt werden. Dazu brauchen Sie den vielfachen Platz des Aussaatgefäßes, größere Gefäße und neue Erde.

Auch die Pikiererde können Sie selber mischen. Bei ihr ist es nicht mehr nötig, die Komposterde zu sterilisieren. Als Grundlage können Sie wieder die Mischung verwenden, wie sie bereits bei der Aussaat empfohlen wurde, wobei Sie jetzt aber getrost Komposterde, Sand und Holzfaser zu gleichen Teilen mischen können.

In Kisten, Schalen und Töpfe pikieren

Als Pikiergefäße haben sich bei den Profigärtnern flache Pikierkisten aus Kunststoff bewährt. Früher verwendete man auch die flachen Obststeigen aus dem Gemüsehandel. Auch wenn das dünne Holz nicht sehr haltbar ist, so lassen sich diese Kisten oft sogar zwei Mal als Pikiergefäße verwenden. Ansonsten können Sie auch zum Pikieren alle unter »Aussaat« aufgeführten Gefäße zweckentfremden und verwenden. Kleine Sämlinge werden im Abstand von etwa zwei Zentimetern in flächige Gefäße wie Kisten oder Schalen pikiert, bei anderen empfiehlt es sich, sie gleich einzeln in kleine Töpfe zu pikieren, zum Beispiel bei Tomatensämlingen.

Die Pikierkiste wird wie ein Aussaatgefäß locker mit der gemischten Erde gefüllt. Die Erde an den Rändern drückt man wiederum mit den Fingern ein. Im Unterschied zur Saatkiste wird die Erde bei dem Pikiergefäß aber randvoll eingefüllt und in der Mitte sogar so weit überhöht, dass eine leichte Wölbung entsteht. Auf diese Weise streicht Luft über die Oberfläche, die Pflanzen können nach dem Gießen immer wieder abtrocknen. So wird Fäulniskrankheiten, wie dem Vermehrungspilz, vorgebeugt. Die Oberfläche drückt man mit einem glatten Brettchen leicht an.

Sämlinge pikieren:

1 Mit dem Pikierstab greift man vorsichtig unter die Sämlinge und hebt sie behutsam an. Dann werden die Pflänzchen mit möglichst vielen Wurzeln aus der Saatkiste herausgezogen.

2 Ein gut bewurzelter Sämling. Einzelne sehr lange Wurzeln dürfen abgeknipst werden, das regt ihre Verzweigung an. Anschließend mit dem dicken Ende ein Loch stanzen ...

3 ... und die Pflanze so einsetzen, dass die Wurzeln nicht nach oben gebogen werden. Die Erde von zwei Seiten andrücken und anschließend angießen.

1

2

3

Vereinzeln und neu pflanzen

Praktisch ist ein spezieller Pikierstab mit einem dünnen und einem dicken Ende zum Stanzen der Löcher. Außerdem sollten Sie sich ein sehr dünnes Brettchen, etwa ein Stück von einer Obstkiste oder ein stabiles Pflanzenschildchen oder ähnliches, bereitlegen.

Der Sinn des Pikierens besteht nicht allein darin, den Pflanzen mehr Platz und neue, nährstoffreichere Erde zu verschaffen. Dieses Vereinzeln fördert auch die Verzweigung der feinen Haarwurzeln, durch die die Pflanzen ja Nährstoffe aufnehmen. Durch das Herausnehmen aus der Saatschale werden diese kleinen Wurzeln leicht beschädigt, auch wenn Sie noch so vorsichtig sind. Diese Beschädigung bewirkt eine stärkere Verzweigung des Wurzelwerks. Dennoch wollen wir die Wurzeln in ihrer Gesamtheit so gut es geht erhalten. Fahren Sie also mit dem Brettchen, Pflanzenetikett oder ähnlichem von der Seite in das Saatgefäß und heben Sie die Erde mitsamt den Pflanzen und Wurzeln an. Nun können Sie einen kleinen Pulk Sämlinge herausnehmen. Zweckmäßig ist eine Glasscheibe, auf der Sie die Sämlinge vereinzeln und ausbreiten. Je nach Umfang des Wurzelwerks stechen Sie mit dem dünnen oder dicken Ende des Pikierstabs ein Loch in die Erde der vorbereiteten Pikierkiste, etwa so tief, wie der Sämling gesteckt wird. Sehr lange Wurzeln dürfen getrost mit den Nägeln von Daumen und Zeigefinger eingekürzt werden, sie verzweigen sich dann umso üppiger. Viele Pflanzen bilden auch am dünnen Stiel Wurzeln, sodass es sich empfiehlt, sie bis dicht unter die Keimblätter in die Erde zu stecken, zum Beispiel Tomaten. Sind Sie nicht sicher, ob die Sämlinge das Tiefersetzen verkraften, so setzen Sie sie wieder bis zum Wurzelhals in die Erde. Wichtig ist jedoch, dass die Wurzeln im Pflanzloch nicht geknickt, nicht nach oben gebogen werden und auch nicht in einem Hohlraum hängen. Deshalb muss das Pflanzloch beim Pikieren dem Volumen der Wurzeln angepasst werden. Sie halten den Sämling mit den Wurzeln locker in das Pflanzloch hinein und drücken mit dem Pikierstab von allen Seiten die Erde an, sodass der Sämling stabil steht. In zwei Zentimeter Abstand (bei schnell wachsenden Arten noch mehr) wird der Sämling in gleicher Weise eingesetzt. Um gleiche Abstände von Pflanze zu Pflanze zu erhalten und den Platz in dem Gefäß gut auszunutzen, pikiert man fein säuberlich Reihe für Reihe, wobei die Sämlinge bei der zweiten Reihe »auf Lücke« der ersten gesetzt werden.

Standort: hell und warm

Ist die Kiste voll, so wird sie mit feiner Brause gründlich gewässert und an einen hellen Fensterplatz gestellt. Im Gewächshaus haben sich übrigens die Hängestellagen bewährt. Dort herrscht gespannte warme Luft. Doch Vorsicht: dort müssen die Sämlinge zumindest anfangs mit Papier vor Sonne geschützt werden. Sie »verbrennen« sonst leicht und trocknen auch schneller aus.

Nach dem Pikieren ist überhaupt darauf zu achten, dass die Pflanzen nicht schlappen, nicht faulen, sondern sich aufrichten und nach wenigen Tagen weiterwachsen. Bald bilden sich die ersten Blätter oberhalb der Keimblätter, und die Pflänzchen werden zunehmend kräftiger. Man kann sie ein zweites und drittes Mal pikieren, je nach Wachstum. Mit dem Pikieren wird immer wieder die Verzweigung der Wurzeln gefördert. Man erhält kräftige, kompakte Pflanzen.

Je nach Art werden die Pflanzen von einer gewissen Größe an ins Freie oder in Töpfe gepflanzt.

Im Mini-Gewächshaus an einem hellen und warmen Platz wachsen die jungen Pflänzchen schnell heran.

Richtig Umtopfen

Bei den Töpfen haben Sie wieder die Wahl zwischen Ton- und Plastiktöpfen. Kunststofftöpfe haben den Vorteil, dass sie leicht sind und sich leicht reinigen lassen. Außerdem bekommt man sie nahezu gratis, denn wenn sie Stauden für den Garten kaufen oder manch kurzlebige Zimmerpflanze geschenkt bekommen – überall bleibt ein Plastiktopf übrig. In den Abfallkörben der Friedhöfe finden Sie derart große Mengen von Plastiktöpfen, dass Sie eine Gärtnerei damit versorgen könnten. Kunststofftöpfe eignen sich für Anzuchten, für Pflanzen, die darin nur vorübergehend heranwachsen sollen. Ihr Nachteil besteht aber darin, dass die Topfwände nicht porös sind, also weder Luft noch Feuchtigkeit hindurchlassen.

Tontöpfe für dauerhaftes Wachstum

Für Pflanzen, die ständig im Topf stehen, also Zimmer- oder Kübelpflanzen, ist der Tontopf der bessere. Seine porösen Wände lassen Luft an die Wurzeln und nehmen Feuchtigkeits- und Nährstoffüberschüsse auf, die aber dann den Wurzeln auch wieder zugänglich sind. Ein häufig ge-

Einen großen Arbeitstisch, Tontöpfe, Erde und eine Gießkanne braucht man zum Umtopfen.

nanntes Gegenargument gegen den Tontopf lautet, dass die Verdunstungskälte an der Außenwand des Topfes den Pflanzen nicht zuträglich sei. Den Gegenbeweis liefern Zigtausende von Topf- und Kübelpflanzen in Terrakottagefäßen, die üppig gedeihen. Bei empfindlichen Pflanzen ist ein Übertopf hilfreich, der den Tontopf schützt und zwischen dessen Wand und der Topfwand ein schützendes feuchtwarmes Luftpolster entsteht. Wichtig: Der Tontopf muss in diesem Übertopf auf einer Dränageschicht stehen, damit die Wurzeln nach dem Gießen nicht im Wasser stehen und faulen.

Auch wenn die Pflanze später einmal groß wird, wählt man zunächst einen möglichst kleinen Topf, in den die Wurzeln des jungen Pflänzchens hineinpassen, ohne geknickt oder nach oben gebogen zu werden. Der Grund: Die Wurzeln wachsen immer zum Topfrand hin, verzweigen sich dort und bilden dort einen dichten Filz. Topft man dann eine Pflanze im zu großen Topf einmal aus, so zerfällt der Wurzelballen. Sein Inneres ist nicht genügend durchwurzelt. In einem kleineren Topf wird das Erdvolumen genutzt. Natürlich muss dann das Umtopfen erfolgen.

Nährstoffvorräte

Mit jedem Umtopfen bekommt die Pflanze einen reichlichen Nährstoffvorrat durch die frische Erde. Was bei der Aussaaterde gesagt wurde, gilt auch für die Blumentopferde: Es gibt käufliche Erden, fast immer auf Torfbasis, die steril sind, also keine Krankheitskeime enthalten, und denen Sie aus dieser Sicht vertrauen können. Abgesehen vom Naturschutzgedanken, haben diese Erden für Topfpflanzen einen anderen Nachteil: sie wurden mineralisch aufgedüngt, manchmal mit so genannten Depotdüngern, die etwas länger halten als die üblichen Mineraldünger, aber deren Nährstoffvorräte dennoch relativ schnell zur Neige gehen.

Eigene Erdmischungen

Sie können sich, wie auf Seite 21 beschrieben, auch Blumentopferde selber mischen, zum Beispiel nach folgendem Rezept: 2 Teile Komposterde, 1 Teil Holzfasern oder Rindenhumus, 1 Teil Sand sowie einen organischen Dünger auf der Basis von Hornspänen. Bei größeren Mengen nimmt man einen Blumentopf (elf Zentimeter Durchmesser) auf die Menge einer Schubkarre, überstreut zusätzlich mit Bentonit und mischt diesen unter. Je nach Pflanzenart können Sie diese Mischung wiederum variieren, etwa noch zusätzlich 1 Teil Lauberde hinzufügen oder etwas lehmige Gartenerde oder Maulwurfserde mit einmischen. Bei Kakteen dominiert natürlich der Sandanteil. Dazu können Sie zerkleinerte Tontopfscherben oder Ziegelgrus

Gleichmäßig von kräftigen und feinen weißen Wurzeln durchzogen – so sieht ein gesunder Wurzelballen aus.

geben. Haben Sie Azaleen umzutopfen, so versuchen Sie Nadelstreu zu bekommen und mischen diesen Rohstoff mit Lauberde. Es ist ein weites Experimentierfeld, das einem leidenschaftlichen Gärtner Spaß machen kann. Wichtig ist immer, dass die Komposterde und die Lauberde ganz verrottet sind. Rotten sie im Topf weiter, so kann unter den unnatürlichen Bedingungen Fäulnis entstehen und das Wurzelwerk leiden. Schlecht gemischte Erden, bei denen der Anteil von Kompost zu hoch und von lockernden Materialien zu gering ist, verschlämmen im Topf. Mit der Zeit

Tipp

Notieren Sie die gewählte Erdmischung und probieren Sie Varianten dazu aus, die Sie ebenfalls festhalten. So finden Sie die ideale Mischung für Ihre Pflanzen heraus.

Richtig umtopfen:

1 An einer Tischkante wird der Topf aufgestoßen und so der Topfballen schonend herausgelöst.

2 Eine Zimmerlinde braucht einen großen Topf und viel Erde zum weiteren Gedeihen.

3 Die Topfscherbe verhindert das Verstopfen des Abzugsloches am Boden.

4 Zuerst ein wenig Erde einfüllen, dann die Pflanze mit dem Ballen in den Topf stellen.

5 Mit der hohlen Hand die Erde rund um den Topfballen einfüllen, ...

6 ... am Rand festdrücken und den Topf einmal kräftig aufstoßen.

schwindet die Erde etwas, was sich aber ausgleichen lässt, indem man wieder etwas Erde auffüllt oder die Pflanzen gleich umtopft. Bei Zimmer- und Kübelpflanzen ist das Frühjahr, also die Zeit von Ende Januar bis Anfang April, die beste Zeit zum Umpflanzen. Dann haben die Pflanzen einen langen Winter hinter sich und sind geradezu auf dem Tiefpunkt. Wenn sie jetzt, wo die Tage länger werden und die Zimmerpflanzen mehr Licht genießen, auch noch frische Erde bekommen, werden sie sich bald üppig entwickeln.

Die richtige Feuchtigkeit

Voraussetzung ist zunächst einmal ein gut durchfeuchteter, aber nicht nasser Ballen. Gießen Sie also ein oder zwei Tage vor dem Umtopfen einmal gründlich. Neue Tontöpfe werden ebenfalls vor dem Umtopfen eine Stunde lang ins Wasser gelegt, damit die Topfwände ganz von Feuchtigkeit durchdrungen sind. Bei sehr großen Pflanzen legt man eine Tonscherbe über das Abzugsloch am Boden des Tontopfs, bei großen Kübelpflanzen empfiehlt sich außerdem eine Dränageschicht von etwa zehn Zentimeter Dicke, die dann mit einem Vlies abgedeckt wird, damit sie nicht durch die darüber eingefüllte Erde verschlämmt wird. Bei größeren Töpfen füllt man so viel Erde ein, dass der Ballen der Pflanze mit seiner Oberkante später etwa einen Zentimeter unter dem Topfrand liegt.

Austopfen – Eintopfen

Nun drehen wir die Topfpflanze um und schlagen den Topfrand auf eine Tischkante oder ähnliches. Er sollte sich auf diese Weise mit nur geringem Widerstand lösen lassen. Das Wurzelwerk sollte cremefarben bis weiß sein. Braunes Wurzelwerk deutet auf abgestorbene Wurzeln und Fäulnis hin. Reißen Sie den Wurzelballen an der Unterseite und am Rand auf, ohne den Ballen als Ganzes zu zerstören. Dann wird die Pflanze mit dem Ballen in den Topf gestellt und rundum locker Erde eingefüllt. Schieben Sie Ihre Hände dabei wie Schaufeln in den Haufen Erde. Niemals die Erde von oben greifen und in der Faust zusammenpressen. Nun wird die Erde am Topfrand mit den Fingern kräftig nach unten gedrückt, bei Kübelpflanzen nimmt man eine Latte oder ähnliches dazu. Anschließend noch einmal auffüllen und dann den Topf mehrmals unter leichtem Drehen auf den Tisch oder Boden aufstoßen, damit sich die Erde gleichmäßig im Topf verteilt.

Zum Angießen legen Sie sich am besten eine Gießkanne mit einer Topfbrause zu. So etwas gibt es selten, es ist aber sehr zweckmäßig. Gründlich angießen, sodass die Erde reichlich vom Wasser durchdrungen ist, aber nicht verschlämmt.

Aussaat im Freien

Die meisten Gemüsesorten, Sommerblumen, einige Kräuter, manchmal auch Stauden säen wir direkt im Freien aus. Dies hat den Vorteil, dass die jungen Pflanzen sich mit ihrem Wachstum auf den Boden und das Kleinklima einstellen. Man muss sie nicht, wie unter Glas herangezogene Gewächse, erst allmählich an kühlere Temperaturen und eine direktere Sonneneinstrahlung gewöhnen. Die Pflanzen sind von vornherein widerstandsfähiger.

Saatbeet vorbereiten

Damit die Saat auch aufgeht, muss das Saatbeet sorgfältig vorbereitet werden. Voraussetzung ist eine gründliche Bodenbearbeitung, wie sie auf den Seiten 10 bis 15 beschrieben wurde. Eine Tiefenlockerung sollte allerdings bereits im Herbst vor der Aussaat oder zumindest mit einem Abstand von zwei bis drei Wochen vorangegangen sein. Dann ist der Boden zwar immer noch gründlich gelockert, er hat sich aber auch schon ein wenig gesetzt, sodass die jungen Wurzeln darin Halt finden. Umgekehrt ausgedrückt: Ist der Boden bis zu einem Spatenstich Tiefe frisch gelockert, enthält er viele Hohlräume, durch die das Wasser in tiefere Schichten abfließt und die jungen Wurzeln keinen Halt finden. Bearbei-

Feinkrümelig muss die Oberfläche des Beetes zur Aussaat vorbereitet werden.

Rillensaat:

1 Mit dem Rechenstiel wird eine Rille durch die lockere Beeterde gezogen.

2 Bohnensamen werden hier in Reihensaat in etwa 5 cm Abstand in die Saatrille gelegt.

3 Nun wird der Samen dünn, gleichmäßig und möglichst klumpenfrei mit Erde bedeckt.

4 Damit die Samenkörner Bodenanschluss bekommen, drückt man die Erde mit dem Rechenrücken fest.

5 Einmal gründlich angießen ist besser als jeden Tag nur ein bisschen Wasser zu geben.

tet wird vor der Aussaat nur noch die Oberfläche, und zwar ganz fein und gründlich.

Direkt vor der Aussaat darf kein halbreifer Kompost mehr eingebracht werden. Der Kompost muss reif, also ganz verrottet sein. Sie können ihn auf der Fläche ausbreiten und wie auf Seite 18 beschrieben in die Oberfläche einarbeiten oder dünn in die Saatrillen streuen. Das Saatbeet muss auf jeden Fall locker und feinkrümelig sein.

Aussaatverfahren

Säen Sie auf dem Beet nur eine einzige Gemüse- oder Blumenart aus, die später als Ganzes geerntet oder ausgedünnt wird, so können Sie den Samen breitwürfig auf dem Beet ausstreuen. Das heißt, Sie verstreuen den Samen unter leichtem Schütteln direkt aus der Tüte gleichmäßig auf der Beetfläche. Vor allem bei feinem Samen sollten Sie die Tüte dicht über der Erde bewegen, weil er sonst vom Wind leicht abgeweht werden kann. Größeren Samen in größeren Mengen können Sie auch in die Hand nehmen und ausstreuen. Fangen Sie damit an einem Beetende an und bewegen

Sie Ihre Hand über der Beetfläche hin- und herstreuend auf das andere Ende zu. Anschließend wird die Saat mit dem Rechen leicht eingeharkt und mit einem Brett oder der Schaufel festgeklopft und mit feiner Brause angegossen. Dieses Verfahren empfiehlt sich unter anderem für Spinat, Feldsalat, Winterportulak, Sommerblumen, Gründüngung und nicht zuletzt den Rasen.

Aussaat in Rillen

Die Reihen- oder Rillensaat gehört sicher zu den klassischen Aussaatverfahren im Gemüsegarten. An einer gespannten Schnur werden in vorher abgemessenen Abständen Rillen auf dem gelockerten Beet gezogen. Aus der Tüte oder mit der Hand streut man den Samen in möglichst gleichen Abständen in die Rille. Anschließend harkt man die Rillen zu und stampft die Erde mit dem Rechenrücken leicht fest.

Die Reihensaat empfiehlt sich bei Gemüsearten, die bis zur Ernte an derselben Stelle bleiben, zum Beispiel Erbsen, Möhren, Schwarzwurzeln und andere. Sie ist auch für Anfänger und unsichere Gartenfreunde die sicherste, weil überschaubare Methode.

Zur Reihensaat bietet der Fachhandel einige Erleichterungen an: einen Rillenzieher, bei dem mehrere verschiebbare Zinken an einer Querstange sitzen. Sie können diese Zinken auf die gewünschten Abstände einstellen. Der lange, bei manchen Geräten auch zur Seite verstellbare Stiel ermöglicht es, bis zu vier Rillen auf einmal über das Beet zu ziehen. Die Anschaffung lohnt sich allerdings erst für einen großen Gemüsegarten. Die andere Erleichterung sind die Saatbänder, bei denen der Samen bereits im richtigen Abstand in schmale, leicht verrottbare Papierbänder eingelassen ist. Diese Bänder ersparen ungeübten Gartenfreunden die Mühe der gleichmäßigen Aussaat und später auch das Verziehen, das beispielsweise bei Möhren, Radieschen und anderen Gemüsearten unerlässlich ist. Für grobe Samen gibt es außerdem eine Särolle und eine Säschaufel. Die Samenkörner werden dort hineingefüllt und in einem vorher an dem Gerät eingestellten Abstand gleichmäßig in der Rille abgelegt.

Aussaat in kleinen Haufen

Eine Variante der Reihensaat ist die Horst- oder Dibbelsaat. Sie ziehen eine Reihe wie auf Seite 32 beschrieben, verteilen die einzelnen Samenkörner aber darin nicht in gleichen Abständen, sondern legen in abgemessenen Abständen von beispielsweise 30 oder 40 Zentimetern jeweils zwei, drei oder sogar fünf Samenkörner nebeneinander in die Reihe. Bei dieser Methode helfen sich die Samenkörner gegenseitig, nach dem Keimen die Erdkruste des Beets zu durchbrechen. Um die Beetfläche gut zu nutzen und den Gemüsepflanzen reichlich Platz zu bieten, ordnet man die Horste oder Dibbel der benachbarten Reihe dann versetzt, also »auf Lücke« zur Ersten, an. Bei den noch jungen Pflanzen ist es dann auch möglich, sie einmal anzuhäufeln, ihnen damit mehr Halt zu geben und zur weiteren Wurzelbildung beizutragen. Bei manchen Gemüsearten, wie zum Beispiel Gurken oder Kürbis, zieht man alle Säm-

Tipp

Auch wenn Sie Samen von einer Pflanze aussäen, die Sie noch nicht kennen, von der Sie nicht wissen, wie deren Sämlinge aussehen, erleichtert Ihnen die Reihensaat, die Sämlinge vom Unkraut zu unterscheiden.

Bei der Horstsaat legt man mehrere Samenkörner in Horsten dicht nebeneinander. Die Sämlinge haben es dann gemeinsam leichter, die Erdoberfläche zu durchbrechen.

Die klassische Aussaat aus der Tüte: Möhrensamen wird unter leichtem Schütteln dünn in die Saatrille gestreut.

linge bis auf einen, den kräftigsten heraus, damit dieser sich richtig entfalten kann. Bei Bohnen bleiben die Horste bestehen.

Direkt aus der Tüte

Die Aussaattechnik richtet sich auch nach der Größe der Samen. Kleine, aber dennoch recht greifbare, körnige Samen sät man am besten direkt aus der Tüte aus. Die Tüte wird an der Oberseite aufgerissen, quer zwischen Daumen und den anderen Fingern genommen und leicht zusammengedrückt, sodass die Öffnung eine Rautenform bekommt. Dann hält man sie dicht über das Beet oder die Rille und tippt, die Hand langsam rückwärts bewegend, in kurzen Abständen auf die Tüte. Die Samen fallen in relativ gleichen Abständen heraus. Diese

Mit einem geknickten Stück Karton lässt sich eine Mischung verschiedener Samen ausbringen.

Technik hat sich bei Gemüsearten wie Salat, Kohl, Radieschen sowie Rettich, Möhren und Dill bewährt. Ist der Samen staubfein, so kann man ihn mit etwas trockenem Sand mischen. Diese Mischung gibt man in ein postkartengroßes, in der Mitte geknicktes Stück Karton und streut sie unter leichtem Schütteln über dem Beet oder der Rille aus. Manche Stauden haben derart feine Samen, bei Gemüse findet diese Technik weniger Anwendung.

Einzelkornsaat aus der Hand

Größere Samen nimmt man am besten in die Hand und legt sie einzeln in die Rillen: Erbsen, Bohnen, Kürbis, aber auch Mangold, Rote Bete oder längliche Samen wie die der Schwarzwurzeln. Haben Sie eine größere Fläche mit einer Gründüngungsmischung einzusäen, so füllen Sie die Mischung in ein Gefäß und werfen sie aus der Faust nach Sämannsart breitwürfig über die Fläche.

Achten Sie auf die richtige Bedeckung des Samens mit Erde. Sie richtet sich nach den Eigenschaften des Gemüses, eine einheitliche Regel gibt es dafür nicht. Feine Samen dürfen nicht mehr als einen Zentimeter dick mit Erde bedeckt werden. Bei groben Samen gibt es Unterschiede: Erbsen kommen bis zu fünf Zentimeter tief in den Boden, Bohnen dürfen dagegen nur ganz dünn mit Erde bedeckt werden.

Verziehen

Wird es den jungen Pflanzen mancher Arten in der Reihe zu eng, so müssen die Abstände von Pflanze zu Pflanze vergrößert werden, indem man einige der

Sehr dicke Samen, hier Puffbohnen, legt man am besten mit der Hand in den Boden.

Pflanzen herauszieht. Bei der Aussaat mit Saatbändern können Sie sich diese Arbeit sparen. Sie ist jedoch nicht immer von Nachteil und manchmal auch gewollt einkalkuliert. Bei Möhren und Radieschen ist das Verziehen unumgänglich. Die ersten zarten Pflänzchen können Sie einfach zwischen die Reihen zum Mulchen legen. Später sind die Wurzeln schon etwas dicker, sodass sie einen wenn auch sehr kleinen Leckerbissen zum Naschen abgeben. Bei Roter Bete kann man auch die kleinen Kugeln von etwa drei Zentimeter Durchmesser schon ganz gut verwenden. Die auf dem Beet verbleibenden Pflanzen wachsen dann zu kräftigen Exemplaren heran.

Dicht aufgelaufene Sämlinge müssen ausgedünnt oder »verzogen« werden, damit sich die Pflanzen entfalten können.

Verpflanzen

Man sät in einer Reihe, um die jungen Pflanzen dann als Einzelexemplare in gebührendem Abstand zueinander auf ein anderes Beet zu pflanzen. Diese Salat- oder Kohlsetzlinge sind dann etwa sieben bis zehn Zentimeter hoch. Man steckt ein Pflanzholz dicht neben den kräftigsten Pflänzchen in den Boden und hebelt sie mit den Wurzeln aus, sodass sie sich leicht herausziehen lassen. Mit dem Pflanzholz wird anschließend ein Loch in den Boden des vorbereiteten Pflanzbeets gestoßen, das der Größe des Wurzelwerks angepasst ist. Kohl pflanzt man dabei tief, sodass der Blattansatz dicht über der Erde liegt, Salatsetzlinge dürfen dagegen nicht tiefer gepflanzt werden, als sie vorher im Saatbeet standen, andernfalls faulen sie. Auch wenn die Setzlinge anfangs ein wenig schlappen, sie richten sich bald wieder von selber auf. Wichtig: Die Wurzeln der Setzlinge müssen mit einer Kanne ohne Brause sofort sorgfältig eingeschlämmt werden. Bei Porree (Lauch) zieht man eine tiefe Rille und pflanzt die jungen Stangen mit dem Pflanzholz auch dort noch tief hinein. Später wird die Rille allmählich zugescharrt, um die schönen gebleichten Lauchstangen zu erhalten. Wichtig ist, dass Sie mit dem Verziehen und Verpflanzen nicht zu lange zögern.

Tomaten pflanzen

Tomaten werden im März auf der Fensterbank ausgesät, pikiert, getopft, je nach Entwicklung vielleicht noch einmal umgetopft und dann, nach den Eisheiligen gegen Ende Mai, ausgepflanzt. Die Pflanzen sind Starkzehrer, weshalb es sich lohnt, das Pflanzloch in besonderer Weise vorzubereiten. Heben Sie es größer aus, als es der Wurzelballen allein erfordert, und vermischen Sie den Aushub gründlich mit reifem Kompost und Gesteinsmehl. Die Tomatenpflanze wird hineingesetzt, indem man den Stängel über dem Wurzelhals vorsichtig umbiegt, sodass der Ballen nahezu waagerecht im Pflanzloch liegt. Der Wurzelballen und ein

Tipp

Durch die gemeinsame Aussaat von Salat und Radieschen oder Möhren und Radieschen in ein und derselben Rille kombinieren Sie das nötige Verziehen mit der Ernte eines zweiten Gemüses in einer Reihe. Die Radieschen keimen schneller und zeigen zunächst einmal den Verlauf der Reihen an, wodurch Sie in der Lage sind, den Boden dazwischen frühzeitig zu lockern. Später ziehen Sie die erntereifen Radieschen heraus und schaffen gleichzeitig die richtigen Abstände zwischen den Salat- oder Möhrenpflanzen. Bei Salat, Kohl und Porree ist das Verziehen mit dem Verpflanzen verbunden.

1

2

3

Tomaten richtig pflanzen:

1 Die vorgezogene Tomate wie eine Topfpflanze aus dem Anzuchttopf lösen.

2 Setzt man den Ballen tief und etwas schräg in die Erde, so bilden sich am Stängel zusätzlich Wurzeln.

3 Gründliches Einschlämmen des Ballens ist wichtig, damit die Wurzeln sofort Anschluss an den Boden bekommen.

Tipp

Tomaten bilden ihr Wurzelwerk flach unter der Oberfläche. Günstig ist es, vor dem Einpflanzen des Ballens einen Tontopf mit mindestens elf Zentimeter Durchmesser in den Boden einzusenken. Gegossen wird dann nur in den Tontopf und dadurch vermieden, dass die feinen Faserwurzeln unter der Oberfläche freigespült werden. Das Wachstum der Tomatenpflanzen lässt sich gut durch regelmäßige Gaben verdünnter Brennnesseljauche fördern. Durch den Tontopf können Sie die Pflanzen damit leicht versorgen.

Teil des Stängels werden mit Erde bedeckt, die Erde rundum angedrückt. Am unterirdischen Stängelteil bilden sich bald junge Wurzeln, die zum kräftigen Wachstum des oberirdischen Teils beitragen. Den herausragenden Teil des Stängels bindet man an einen vorher eingeschlagenen Stab an.

Den Aushub des Pflanzlochs sollte man noch einmal gründlich mit reifem Kompost, Hornspänen und Gesteinsmehl oder Bentonit vermischen. Anschließend den Ballen und Stängel mit Erde bedecken und ohne Brause einschlämmen. An dem gebogenen Stängel bilden sich bald junge Wurzeln, die die oberirdische Pflanze zusätzlich mit Nährstoffen versorgen und so ihr Wachstum in den nächsten Wochen fördern. Scheuen Sie sich nicht, noch sehr kleine selbst herangezogene Jungpflanzen so tief einzusetzen, dass kaum mehr als der oberste Blattschopf herausschaut. Sobald sie am Stängel neue Wurzeln gebildet hat, fängt sie rapide an zu wachsen.

Gemüsespaliere

Wie Tomaten wachsen manche Gemüsearten nur an Stangen oder Spalieren, oder sie können wahlweise daran emporgezogen werden.

So zum Beispiel Stangenbohnen, die sich um eine Stange winden und erst dann blühen und Früchte ansetzen. Die klassischen Bohnenstangen bestehen aus dünnen Fichtenstämmen, die beim Ausholzen des Stangenwaldes anfallen. Sie werden unten mit dem Beil angespitzt, damit man sie leichter in den Boden stecken kann. Verwendbar sind aber auch lange Haselnussruten oder Bambusstäbe. Stangenbohnen können mühelos drei bis vier Meter hoch klettern. Dies erschwert allerdings die Ernte. Wenn Sie die oben hängenden Bohnen ernten wollen, muss das Stangengerüst so beschaffen und so stabil sein, dass Sie bedenkenlos eine Leiter dagegenlehnen können.

Bohnenspalier

Die Bohnenstangen können einzeln und senkrecht in den Boden gesteckt werden, wie es in manchen Landstrichen üblich ist. Man kann sie so leicht mit anderen Mischkulturpartnern kombinieren. Die klassische Methode ist ein Bohnenspalier, bei dem die Stangen schräg gegeneinander gestellt werden. Die oberen Enden kreuzen sich, werden dort zusammengebunden, und zur Stabilisierung des Ganzen legt man noch eine Querstange in die Gabelungen der Bohnenstangen. So bekommen Sie ein geschlossenes Bohnenspalier, das, sind die Stangenbohnen erst einmal bis in die Spitze gewachsen, vor Wind schützt und so zum günstigen

Stangenbohnen, hier rote Prunkbohnen, bilden einen schönen Blickfang im Garten und ermöglichen reiche Ernten auf kleiner Fläche.

Kleinklima des Gartens beiträgt. Die beiden Stangenreihen haben auf dem Beet 70 bis 80 Zentimeter Abstand, und von Stange zu Stange sollten etwa 50 bis 60 Zentimeter eingehalten werden. Verwenden Sie Fichtenstangen, die ziemlich lang sind, so heben Sie jeweils für sie ein Loch aus, bohren die Stangen wenn möglich noch ein wenig tiefer und treten die Erde rundherum an, damit die Stangen festen Halt bekommen.

Tipp

Lassen Sie die oben hängenden Bohnen trocknen und sammeln Sie diese beim Abbauen des Gerüstes für eine Bohnensuppe im Winter oder als Saatgut fürs nächste Jahr.

So ein Bohnenspalier ist in der Gestalt variabel. Sie können zum Beispiel für Kinder ein Bohnenzelt bauen, indem Sie die Stangen im Kreis aufstellen, sodass sich ihre Spitzen in der Mitte treffen. Auch eine Pergola in einem jungen, noch nicht fertig angelegten Garten lässt sich aus Bohnenstangen leicht anfertigen. Kletterbohnen müssen nicht unbedingt Stangen zum Klettern haben, sie können sich auch an Seilen, Schnüren oder Drähten emporwinden. Eine Möglichkeit, sich ein schattiges Eck auf dem Balkon zu schaffen.

Rund um die Bohnenstange wird eine Rille gezogen, in die Sie die

Die Samen weißer Stangenbohnen und roter Prunkbohnen, abwechselnd rund um die Bohnenstangen in den Boden gesteckt, ergeben später ein buntes Spalier.

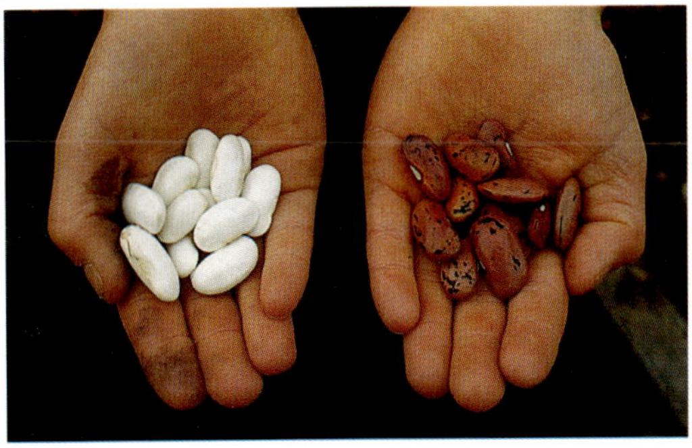

Bohnen in etwa fünf Zentimeter Abstand legen. Die Bohnensamen werden leicht in die Erde gedrückt und dünn, nicht mehr als einen Zentimeter, mit Erde bedeckt.

Vorkultur in Töpfen

Sie können die Stangenbohnen auch in Töpfen vorziehen. Dann legen Sie ab Ende April fünf Körner in einen Zehn- bis Zwölf-Zentimeter-Topf, der mit einer Erdmischung aus Gartenerde, Komposterde und Sand zu gleichen Teilen gefüllt ist. Drücken Sie die Samen etwas hinein und bedecken Sie sie dünn mit Erde. Anschließend mit feiner Brause angießen und an einem mäßig warmen, aber sehr hellen Standort aufstellen. Die vorgezogenen Bohnen topfen Sie dann nur noch aus und verteilen etwa drei bis fünf Büschel um eine Stange, die Sie dann mit einer Pflanzschaufel einpflanzen.

Tipp

Unter den Stangen- oder Kletterbohnen gibt es verschiedene Sorten, die sich auch in der Farbe der Früchte und Blüte unterscheiden. So können Sie mit Ihrem Bohnenspalier Farbe in den Garten bringen, indem Sie weiß blühende Stangenbohnen mit rot blühenden Prunkbohnen kombinieren und dazwischen immer wieder die blaufrüchtige Sorte 'Blauhilde' einstreuen.

Gurken am Spalier tragen reicher und reifen besser als auf dem Boden. Außerdem ist der Anbau am Gerüst Platz sparend.

Erbsen an Birkenreisern

Auch Erbsen, die kleinwüchsigen Zuckererbsen ausgenommen, werden am Spalier gezogen. Besonders geeignet sind Birkenreiser mit ihren feinen, dünnen Trieben, um die sich die feinen Ranken der Erbsen drehen. Man sät zunächst zwei Erbsenreihen im Abstand von etwa 40 bis 50 Zentimetern aus. Sobald die Erbsentriebe etwa zehn Zentimeter Höhe erreicht haben, werden sie noch einmal gehäufelt, was ihre Standfestigkeit erhöht. Anschließend steckt man die Reiser an der Außenseite der Reihen schräg in den Boden, sodass sie die jungen Triebe überdecken. Die Reiser schützen so die jungen Triebe vor Vögeln, und die Triebe wachsen nun senkrecht in die fein verzweigten Reiser, wo sie mit ihren Ranken reichlich Halt finden.

Eine andere Möglichkeit besteht darin, vorübergehend einen Maschendrahtzaun zu errichten, an dessen Seiten dann jeweils eine Reihe Erbsen gesät werden.

Gurken am Spalier

Gurken nehmen mit ihren langen Ranken normalerweise viel Platz auf dem Beet ein. Man kann aber auch sie wie Erbsen an einem Spalier ziehen, indem man, wie oben beschrieben, einen Maschendrahtzaun errichtet. Auch Baustahlgitter, in den Boden gesteckt, können den Gurken als Spalier dienen. Eine Höhe von 70 bis 80 Zentimetern reicht völlig aus. Die Gurkensamen werden dann in Dibbelsaat (siehe Seite 33) zu beiden Seiten des Spaliers in den Boden gelegt, oder Sie setzen vorgezogene Gurkenpflanzen zu beiden Seiten »auf Lücke« mit etwa 50 bis 60 Zentimeter Abstand in der Reihe.

Gurken brauchen reichlich Wasser, deshalb sind auch die bei der Tomatenpflanzung beschriebenen, in den Boden gesenkten Tontöpfe (siehe Seite 36) bei ihnen von Vorteil.

Die Gurkentriebe besitzen zwar Ranken, sie klettern aber nicht auf Anhieb von selber. Man muss also ein wenig nachhelfen, indem man die Triebe anbindet. Einmal am Spalier auf den richtigen Weg gebracht, schlingen sie dann aber ihre zarten Ranken willig um den Draht.

Gurken am Spalier zu ziehen, bringt verschiedene Vorteile: Die Triebe bekommen mehr Licht, was die Blüten- und Fruchtbildung fördert. Außerdem liegen später die Früchte nicht auf dem Boden, sie faulen auch nicht bei anhaltend feuchtkühler Witterung. Zudem haben Krankheiten und Schädlinge in dem luftigen Spalier geringere Chancen, sich auszubreiten. Rechts und links neben dem Spalier bleibt noch genügend Platz für einen Mischkulturpartner, zum Beispiel Dill und Möhren.

Reihenmischkultur: Wirsing, Zuckererbsen, Möhren, Porree und Rosenkohl ergänzen sich im Wachstum und halten sich gegenseitig Schädlinge vom Leib.

Mischkultur

Eine möglichst große Vielfalt im Garten erfreut nicht nur das Gärtnerherz, sondern auch zahlreiche nützliche Insekten und Vögel. Krankheiten und Schädlinge aber haben geringere Chancen, sich auszubreiten. So ist die Anlage von Mischkulturen eine der wichtigsten Voraussetzungen für gesundes Pflanzenwachstum.

Die Vorteile: 1. Sie sparen Platz, wenn Sie schnell wachsende und schnell reifende Arten, die zudem wenig Platz einnehmen, mit langsam wachsenden und raumgreifenden Gemüsearten verbinden. Radieschen können Sie beispielsweise überall mit unterbringen, ausgenommen bei Gurken.

2. Manche Gemüsearten fördern sich durch die Ausscheidungen ihrer Wurzeln gegenseitig im Wachstum. So verträgt sich Spinat mit allen anderen Gemüsearten. Er scheidet durch seine Wurzeln Saponine (Senföle) aus, die das Wachstum der benachbarten und der nachfolgenden Pflanzen fördern.

3. Einige Gemüsearten vertreiben durch ihre Wurzelausscheidungen und Gerüche durch das Kraut die Krankheiten und Schädlinge mancher benachbarter Arten. Das bekannteste Beispiel ist die Benachbarung von Ziebeln und Möhren. Beide können von einer bestimmten Fliege befallen werden. Die Zwiebel vertreibt die Möhrenfliege und umgekehrt die Möhre die Zwiebelfliege.

Schlechte Nachbarn

Zum Glück gibt es nur wenige Gemüsearten, deren Benachbarung ungünstig und deshalb nicht empfehlenswert ist. So sollte man Benachbarungen von Gemüsearten und Pflanzen vermeiden, die von denselben Krankheiten und Schädlingen befallen werden können, zum Beispiel Kartoffeln und Tomaten (Krautfäule) oder Kreuzblütler wie Kohl, Senf und Goldlack (Kohlhernie).

Voraussetzung dafür, dass die Wirkungen auch eintreten, ist die Berücksichtigung aller anderen Standortansprüche der Pflanzen.

Tipp

Streuen Sie zwischen Möhren- und Gurkensamen auch immer einige Körner Dillsamen. Dill fördert durch seine Ausscheidungen das Auflaufen der benachbarten Samen.

Nährstoffansprüche beachten

Was den Nährstoffbedarf betrifft, so zählt man Zwiebeln und Möhren zu den so genannten Mittelzehrern. Das heißt, sie werden in zweiter Tracht nach dem stark zehrenden Gemüse angebaut. Der Boden wird allenfalls noch mit geringen Gaben reifen Komposts versorgt, er darf jedoch nicht frisch gedüngt werden. Dann nämlich würde auch die ausgeklügeltste Mischkultur keine Wirkung mehr zeigen. Zwiebeln lieben einen luftigen Standort und einen eher trockenen Boden, während Möhren einen lockeren, frisch-feuchten Boden und einen etwas geschützteren Standort liebt. Dem können Sie auf einem Beet gerecht werden, indem Sie die Möhren auf den mittleren Reihen und die Zwiebeln am Rand des Beets ansiedeln.

Zwei bis drei Gemüsearten auf einem Beet

Auf jeden Fall lassen sich auf einem Beet zwei Gemüsearten nebeneinander benachbaren. Je nach Art und geschickter Nutzung des Platzes können Sie sogar drei oder vier Arten mit einander kombinieren. So sind Möhren auch ein guter Nachbar für Salat. Säen Sie zum Beispiel in der Mitte des Beets eine Reihe Schnittsalat, daneben zu beiden Seiten je eine Reihe Möhren, und ganz außen stecken Sie je eine Reihe Zwiebeln. So haben Sie drei verschiedene Arten auf einem Beet untergebracht. Streuen Sie in die Saatrillen von Salat und Möhren außerdem noch ein paar Körner Radieschensamen, so sind es schon vier Arten. Die Radieschen werden früher geerntet, so dass sich in den entstandenen Lücken Salat und Möhren besser ausbreiten können. Wie dieses Beispiel zeigt, können die Arten nicht nur reihenweise, sondern auch innerhalb der Reihe abwechseln.

Gute Partner der Tomaten

Tomaten leiden oft an Braun- oder Krautfäule. Wechseln Sie die Tomatenpflanzen jeweils mit einer Kohl- und einer Selleriepflanze ab, so wirken diese beiden gegen die Krautfäule. Umgekehrt bewahrt die Tomate durch ihren Geruch den Kohl vor dem Kohlweißling, und Kohl und Tomate schützen den Sellerie vor dem Sellerierost. Da alle drei Arten zu den Starkzehrern gehören, kann das gesamte Beet reichlich mit Nährstoffen versorgt werden. Mischkulturen bieten eine weites Experimentierfeld. Der Boden und das Klima spielen auch eine Rolle, wenn man die Arten miteinander kombinieren will.

Auf einen Blick

- Zur Aussaat auf der Fensterbank können zweckentfremdete Gefäße und selbst gemischte Erden verwendet werden.
- Die Ansprüche der Licht-, Dunkel- und Frostkeimer müssen berücksichtigt werden.
- Pikieren und Umpflanzen fördern das Wachstum der Jungpflanzen.
- Topfpflanzenerden können auf der Basis von Kompost, Gartenerde, Sand und Zuschlägen zur Lockerung selbst hergestellt werden.
- Das beste Pflanzgefäß ist der Tontopf.
- Bei der Aussaat im Freien kommt es auf eine feinkrümelige Beetoberfläche an.
- Die Aussaatmethode richtet sich nach der Größe der Samenkörner.
- Verpflanzen und Verziehen gibt den Gemüsepflanzen Raum und fördert das Wachstum.
- Gemüsespaliere schaffen Platz auf dem Beet und geben den Pflanzen mehr Licht und damit reicheren Fruchtansatz.
- Mischkulturen sparen Platz und die Abwehr von Krankheiten und Schädlingen.

Pflegearbeiten im Gemüse- und Blumengarten

Der Gartenteil, in dem Gemüse, ein- und zweijährige Kräuter und Blumen wachsen, also der Nutzgarten, ist im Gegensatz zu einer Gehölzpflanzung und einer Staudenrabatte einem ständigen Wechsel der Pflanzen unterworfen. Je nach Klima und Geschick des Gärtners können die Kulturen auf einem Gartenbeet innerhalb eines Jahres drei bis vier Mal wechseln. Dies bringt zwar Leben und Farbe in den Garten, erfordert aber natürlich auch mehr Arbeit und mehr Pflegearbeiten als eine Gehölzpflanzung, unter der sich ein dichter Teppich mit Bodendeckern ausgebreitet hat.

Richtig gießen

Gärtner werden immer gern mit der Gießkanne karikiert. Es scheint eine so simple, einfältige Tätigkeit zu sein, die Pflanzen mit Wasser zu berieseln. Aber das ist ein großer Irrtum. Beim Gießen werden nämlich oft die folgenschwersten Fehler begangen. Außerdem vergeudet mancher Gartenfreund viel Zeit und Mühe und oft Unmengen von teurem Leitungswasser, ohne die Pflanzen wirklich hinreichend zu versorgen.

Als Grundausstattung zum richtigen Gießen sollten Sie sich zwei verschiedene Gießkannen und dazu zwei verschiedene Brausen zulegen: eine **normale Gartenkanne** mit 8–10 Liter Fassungsvermögen (je nachdem, wie viel Sie tragen können oder wollen) und eine **Kanne mit einem langen Gießrohr** für Saaten und Töpfe, die sich fürs Gewächshaus eignet. Dazu für die großen Kannen eine etwas asymmetrisch geformte Brause mit groben Poren und für die kleine Kanne eine länglich ovale Brause mit feinen Poren. Leider nur noch selten gibt es so genannte **Topfbrausen**. Sie sind ebenfalls für die Gewächshauskannen gedacht, nur wenig breiter als das Gießrohr, auf dem sie sitzen, und haben grobe Poren. Sie ermöglichen es, Blumentöpfe so zu gießen, dass die Erde darin nicht aufgeschwemmt wird. Für ganz feine und frische Saaten sowie zum Besprühen mancher Zimmerpflanzen empfiehlt sich eine **Sprühflasche**. Damit wird die frische, gerade gesäte, angedrückte und bedeckte Saatschale oder Kiste vorsichtig eingesprüht, sodass die Erde mit Feuchtigkeit gesättigt ist, sich das Wasser aber nicht staut.

Richtig gießen ist mehr als nur Wasser verspritzen. Der Boden muss dabei gründlich durchfeuchtet werden.

Samen angießen

Säen Sie niemals in trockene Erde. Trockene Erde nimmt nur schwer und dann nicht immer gleichmäßig Feuchtigkeit auf. Lockern Sie also trockene Erde mit einem Vierzahn und wässern Sie das Beet gründlich, jedoch so, dass es nicht verschlämmt. Nachdem die Feuchtigkeit ein wenig eingezogen ist, hacken Sie die Erde erneut durch und wässern gegebenenfalls noch einmal, so lange, bis der Boden »erdfeucht« ist. Diese Vorarbeit kann man sich sparen, wenn der Boden vorher durch eine Mulchdecke bedeckt gehalten wurde.

Dann können Sie die Oberfläche des Beets herrichten, Rillen ziehen, säen, die Saat bedecken und – gießen. Dazu verwenden Sie die **große Gartengießkanne mit der schrägen Brause**, die nach unten gerichtet ist. Halten Sie die Brause dicht über die Erde, ziehen sie langsam über die bedeckten Saatrillen und geben Sie gerade so viel Wasser, wie die Erde aufnehmen kann. Wenn sich das Wasser zu stauen beginnt, haben Sie Ihr Soll erfüllt.

Der Sinn des Angießens besteht nicht allein darin, den Samen mit Feuchtigkeit zu versorgen, sondern ihn auch mit angeschwemmter Erde zu umgeben. So findet die Keimwurzel Halt im Boden und kann wachsen und sich weiter verzweigen.

Jungpflanzen ohne Brause angießen

Gleiches gilt fürs Angießen von Salat- und Kohlsetzlingen. Dazu nehmen Sie aber die Brause ab und gießen **direkt aus dem Gießrohr** rund um die jungen Pflanzen. So werden die Wurzeln sofort eingeschlämmt. Um auf dem gesamten Beet für ein feuchtes Bodenmilieu zu sorgen, können Sie zum Abschluss die Fläche insgesamt noch einmal überbrausen. Danach wird nur wenig gegossen, nämlich erst dann, wenn die Erde auszutrocknen droht.

Nach dem Lockern zwischen den Sämlingsreihen nimmt die Erde besonders gut Wasser auf.

Der häufigste **Fehler**, der dabei begangen wird, ist das **oberflächliche Überbrausen der jungen Pflanzen.** Je größer sie werden, je mehr sie eine dicht schließende Pflanzendecke bilden, desto weniger erreicht das Wasser bei dieser Gießgewohnheit die Wurzeln. Es sammelt sich auf den Blättern, rieselt auf den Boden rundherum und verdunstet schnell wieder. Den Pflanzen kommt dabei wenig zugute.

Regelrecht schädlich ist das oberflächliche Überbrausen bei heißem Sommerwetter, vor allem dann, wenn man kaltes Leitungswasser mit dem Schlauch versprüht. Dann wirken die Wassertropfen wie ein Brennglas, und auf den Blättern machen sich hässliche Verbrennungen bemerkbar, die der weiteren Entwicklung der Pflanze schaden.

Wenn Sie die Pflanzen hingegen gezielt gießen, und zwar einmal gründlich in den Wurzelbereich, sparen Sie viel Zeit, Arbeit und Wasser. Ein Trick zum gezielten, schonenden Gießen wird beim Pflanzen der Tomaten und Gurken (Seite 36) erläutert.

Gartenschläuche und Regner

Bei sehr großen Gärten können Sie natürlich auch den Schlauch einsetzen. Am besten ist es dann, Sie haben ihn an eine Pumpe angeschlossen, die das **Wasser aus einem Regenwasserbassin** oder Tank befördert. Solches Wasser ist abgestanden und im Sommer oft lauwarm, außerdem kalkfrei,

Ohne Brause werden die jungen Salatsetzlinge angegossen und eingeschlämmt.

also ein weiches Wasser, das den Pflanzen besser bekommt als das oft harte und eiskalte Leitungswasser. Untersuchungen der Bayerischen Landesanstalt für Weinbau und Gartenbau (LWG), Veitshöchheim, aus dem Jahr 1999 haben übrigens ergeben, dass Regenwasser besser ist als sein Ruf und bei Nitraten und Schwermetallen Werte aufweist, die unter den Grenzwerten des Trinkwassers liegen!

Gummi statt Plastik

Kaufen Sie keinen billigen Plastikschlauch, sondern einen **guten Gummischlauch**. Gummi ist weicher und geschmeidiger. Ein Gummischlauch lässt sich besser über die Gartenwege ziehen. Plastik ist dagegen steif und auch nicht so haltbar. Um den Schlauch nicht versehentlich über die Beete zu ziehen, sollten Sie an den Beetecken 20–30 cm hohe Pflöcke einschlagen. Ein langes Gießrohr, mit einer Brause an den Gartenschlauch angeschlossen, ermöglicht es Ihnen, aufrecht stehend die Pflanzen einzeln im Wurzelbereich zu wässern.

Ein **Regner** ist nur sinnvoll, wenn Sie eine große, gleichmäßig eingesäte oder bepflanzte Fläche wässern wollen. Für den Dauerbetrieb im Hausgarten ist er eigentlich nicht geeignet, denn er benetzt Stauden und Gehölze sowie größere Blumen und Gemüsepflanzen ja nur von oben. Haben Sie eine große Rasenfläche, so ist der Regner jedoch ein sinnvolles Gerät zur Bewässerung. Schaffen Sie sich keinen Kreisregner, sondern einen Viereckregner an, dessen Schwenkbereich Sie möglichst genau einstellen können. So lassen sich bestimmte Gartenbereiche gezielt und ohne überflüssige Wasserverschwendung versorgen.

Tröpfchenbewässerung

Wer wenig Zeit hat oder in den Urlaub fährt und sich nicht auf einen freundlichen Nachbarn verlassen will, der wählt eine Töpfchenbewässerung. Dazu werden spezielle dünne Schläuche zwischen den Reihen ausgelegt, aus deren Düsen es sachte tropft. Das Ganze kann an eine Regenwasserzisterne oder auch an die Wasserleitung angeschlossen werden. Es gibt sogar Systeme mit einem kleinen Computer, bei denen Sie die Zeiten der Bewässerung einstellen können. Nachteil: Auch wenn es wochenlang regnet, tropft es lustig weiter. Besser sind **Bewässerungen mit Feuchtefühler**, die erst dann Wasser nachliefern, wenn der Boden trocken geworden ist. Sie werden aber vor allem bei Topf- und Kübelpflanzen eingesetzt.

Ein Tropfschlauch befeuchtet die Erde zwischen den Beeten auch während Ihrer Abwesenheit.

Hacken – Mulchen – Wasser sparen

Es gibt biologisch-dynamisch arbeitende Profigärtner, die ihre Saat oder die frisch gepflanzten Setzlinge nur einmal angießen und dann bis zur Ernte nicht mehr wässern. Sie vertrauen auf ihre biologisch-dynamischen Präparate und die kosmischen Einflüsse, die auf den Boden und die Pflanzen wirken.

Offensichtlich haben diese Gärtner mit ihrer Methode Erfolg. Allerdings gehören sehr viel Fingerspitzengefühl und langjährige Erfahrung dazu, um auf diese Weise Gemüse gedeihen zu lassen. Uns lehrt dieser überaus sparsame Umgang mit dem kostbaren Nass, dass Wasser nur *ein* Wachstumsfaktor ist und es nicht allein auf die Literzahl ankommt, mit der man die Pflanzen gießt.

Wasser ist nicht alles! Als Wachstumsfaktor steht es in enger Beziehung zur Wärme, zur Luft und

Regelmäßiges Hacken zwischen den Reihen hemmt die Verdunstung und hilft Wasser sparen.

Eine Mulchdecke beschattet den Boden und hält ihn über einen längeren Zeitraum feucht und locker.

natürlich zum Boden mit seinen Bestandteilen wie Lehm und Humus, den Lebewesen und den Nährstoffen. Und wie bei der Nährstoffversorgung gilt auch beim Umgang mit dem Wasser: Besser, wir versorgen nicht allein die Pflanze mit Wasser, sondern sorgen für gleichmäßige Feuchtigkeit des Bodens. Die Pflanzen sollen ihren Durst nach eigenem Bedarf stillen können.

Verdunstung hemmen

Wird Wasser erwärmt, so verwandelt es sich in Wasserdampf und steigt nach oben. Außerdem ist Wasser auf Ausgleich bedacht: Wo es auf eine trockene, aber saugfähige Masse stößt, verteilt es sich gleichmäßig und verdunstet schließlich an der Oberfläche. Genauso verhält sich das kostbare Nass im Boden. Sobald die Sonne das Erdreich erwärmt, steigt das darin befindliche Wasser nach oben. Weht über die Erdoberfläche noch dazu ein lauer Wind, so ist es schnell verdunstet. Durch den Aufstieg des Wassers bilden sich feine Kanäle, Kapillaren, durch die es immer leichter verdunsten kann.

Will man Wasser im Garten sparen, sind zwei Maßnahmen deshalb besonders wichtig:

- Für **Windschutz** sorgen, durch eine Hecke oder vielleicht nur durch ein Erbsen- oder Bohnenspalier.
- **Häufiges Hacken** zwischen den Gemüsereihen in der oberen Bodenschicht, zum Beispiel mit einer Flachhacke. Das hält nicht nur das Unkraut in Schach, sondern unterbricht auch immer wieder die Kapillaren, sodass die Feuchtigkeit aus dem Boden nicht so leicht entweichen kann. Dieses oberflächliche Hacken ist wichtig.

Tiefer gehendes Lockern kann vor allem bei leichten Sandböden wiederum zur Folge haben, dass das Wasser zu leicht in die unteren Bodenschichten versickert. Bei lehmigem Erdreich kann es dagegen nützlich sein, den Sauzahn etwas tiefer zwischen den Reihen hindurchzuziehen und auf diese Weise für Luft zu sorgen.

Krümelburgen

Mit der Hacke lässt sich die Verdunstung vermindern. Doch damit allein ist der Boden noch lange nicht ausreichend mit Feuchtigkeit versorgt. Etwas Lebendiges muss hinein, um das kostbare Nass über einen längeren Zeitraum zu speichern: Humus oder noch besser Kompost. Regenwürmer verbinden die winzigen Tonkolloide des Bodens in

Tipp !

Um sandigen Boden zu verbessern, besorgen Sie sich eine Fuhre lehmige Erde. Lassen Sie diese zunächst trocknen und mischen Sie sie dann zerkleinert und gesiebt mit reifem Kompost. Diese Mischung breiten Sie auf der Beetoberfläche aus und hacken sie ein.

ihrem Organismus mit Humus und scheiden beides als so genannten **Ton-Humus-Komplex** aus. Humus ist genau wie Ton in der Lage, ein hohes Maß an Feuchtigkeit zu speichern, die Bodenkrümel gleichsam mit einem Wasserfilm zu umgeben. Mineralische wie organische Bestandteile bilden aber eine lockere Einheit, die auch genügend Luftporen enthält. Hier können die feinen Haarwurzeln der Pflanzen nach Herzenslust ihren Durst und auch ihren Nährstoffhunger stillen, denn die aktiven Bodenkrümel speichern auch ein reichhaltiges Menü an Nährstoffen.

Ton-Humus-Komplexe bilden sich nur, wenn der Gärtner seinen Boden immer wieder mit organischer Nahrung versorgt. Also immer wieder Kompost in die obere Bodenschicht einarbeiten und auch Kompost in die Saatrillen und Pflanzlöcher geben. Bei einem sandigen Boden ist zusätzlich Gesteinsmehl oder Tonmineralpulver empfehlenswert.

Tipp

Verbinden Sie das Gießen mit dem Lockern des Bodens. Hacken Sie die Erde am Tag vor dem Gießen gründlich durch und wässern Sie erst am darauf folgenden Morgen. Anschließend bedecken Sie den Boden zwischen den Pflanzen mit Mulch, um ihn vor dem Austrocknen zu schützen.

Wo es an Mulchmaterial fehlt, hilft eine Untersaat den Boden bedeckt zu halten, hier: Kresse unter Himbeeren.

Mit Köpfchen gießen

Der beste Zeitpunkt zum Gießen sind die frühen Morgenstunden. Die Pflanzen und der Boden sind dann nämlich ohnehin abgekühlt, sodass der Kälteschock durch das Gießen gering bleibt. Anschließend erwärmt die Sonne das Erdreich, die Bodenlebewesen und die Pflanzen können nun die Feuchtigkeit optimal nutzen. Morgens zu gießen empfiehlt sich auch, wenn man einen schneckenreichen Garten hat. Bis zum Abend ist die Oberfläche wieder so weit abgetrocknet, dass die Schnecken nicht allzu günstige Bedingungen zum Wandern vorfinden.

Wo es nicht möglich ist, morgens zu gießen, sollte man dies am Abend nach Sonnenuntergang tun. Tagsüber in praller Sonne zu gießen wäre ein zu großer Kälteschock für die Pflanzen und das Bodenleben und zudem Wasserverschwendung, weil ein großer Teil des Gießwassers ungenutzt verdunsten würde. Nur in Notfällen, wenn eine Pflanze zu »schlappen« beginnt, sollte man sie mit einem kräftigen Schluck Wasser retten.

Mulchdecke oder Untersaat

Sobald die jungen Pflanzen groß genug sind, wird der Boden mit Mulch abgedeckt. Vorher muss er aber noch einmal gründlich durchfeuchtet werden.

Frische **Mulchmaterialien** wie Grasschnitt sollten leicht angetrocknet sein und nicht zu dick aufgetragen werden. Der einzige Nachteil der Mulchmethode: Schnecken verbergen sich gern unter den Pflanzenabfällen. In einem schneckengeplagten Garten empfiehlt sich deshalb eine **Zwischenkultur** wie zum Beispiel Spinat, die für eine gleichmäßige Bedeckung des Bodens sorgt und auf diese Weise die Bodenfeuchtigkeit erhält.

Ein reichlich mit Kompost versorgtes Erdreich, sorgfältiges und gezieltes Gießen und eine möglichst dauerhafte Bedeckung des Bodens tragen dazu bei, den Wasserverbrauch im Garten gering zu halten – ohne deshalb auf gesundes und widerstandsfähiges Gemüse verzichten zu müssen.

Düngen

Unsere Gemüsepflanzen entziehen dem Boden Nährstoffe, die ihm irgendwann einmal zurückgegeben werden müssen. Oft sind im Boden zwar durchaus genügend Nährstoffe enthalten, den Pflanzen jedoch zur Zeit nicht zugänglich. Die Nährstoffe sind durch komplizierte chemische Vorgänge im Boden gebunden, sodass sie die Pflanzen mit ihren Wurzeln nicht aufnehmen können. Als biologisch wirtschaftende Gärtner können wir diesem Mangel durch selbst angesetzte Flüssigdünger abhelfen. Durch sie werden den Pflanzen vor allem Stickstoff und Kalium als schnell verfügbare Flüssigdünger gegeben.

Düngen nach eigenem Rezept

Dazu gibt es ein Grundrezept: 1 kg frisches Kraut wird mit 10 l Wasser in eine Tonne gegeben. Man lässt es in der Sonne gären und verdünnt nach der Gärung zum Gießen im Verhältnis 1 : 10 mit Wasser. Diese Mischung wird in den Wurzelbereich der Pflanzen gegossen. Auf diese Weise können Sie **Brennnessel-** und **Beinwelljauche** ansetzen.

Brennnesseln enthalten Stickstoffverbindungen, aber auch noch andere das Wachstum fördernde Stoffe. Man gießt mit Brennnesseljauche insbesondere während der Wachstumsphase der Pflanzen, also die jungen Salat- und Kohlsetzlinge, die heranwachsenden Tomaten-, Gurken- oder Zucchinipflanzen. Vor allem wenn das Wachstum aufgrund der Witterung stockt, können wiederholte Düngungen im Abstand von ein bis zwei Wochen mit Brennnesseljauche den Pflanzen wieder Auftrieb geben. Sobald Salat und Kohl Köpfe bilden, Tomaten und Gurken Früchte ansetzen, stellt man die Brennnesselgüsse ein, um Nitratbelastungen zu vermeiden.

Beinwell enthält vor allem Kalium. Dieses Element festigt die Pflanzenzellen. Man gießt deshalb mit Beinwelljauche, wenn das Wachstum der Pflanzen weitgehend abgeschlossen ist, um deren Widerstandsfähigkeit zu fördern. Allerdings sind viele Böden reichlich mit Kalium versorgt, sodass diese Düngung nicht nur überflüssig ist, sondern sich eventuell nachteilig auswirken könnte. Denn zu viel Kalium bindet auch andere Nährstoffe im Boden, die dann der Pflanze nicht zur Verfügung stehen. Feststellen können Sie den Kaliumgehalt durch eine Bodenuntersuchung (siehe Seite 10).

Tipp

Brennnesselkraut und Beinwellblätter können auch zum Mulchen verwendet werden. Breiten Sie sie klein geschnitten zwischen den Gemüsenreihen aus. Diese Mulchdecke versorgt die Pflanzen langsam, aber nachhaltig mit Nährstoffen.

Brennnesseln enthalten Stickstoff und andere das Wachstum fördernde Stoffe. Sie werden kurz vor der Blüte gesammelt, klein geschnitten …

… und im Verhältnis von 1 kg auf 10 l Wasser zum Vergären angesetzt. Die Brennnesseljauche ist ein wertvoller Dünger.

Pflegearbeiten auf dem Gemüsebeet

Vom Sinn des Hackens und Mulchens im Gemüsegarten war bereits auf Seite 44 die Rede. Kartoffeln, Kohl, Kohlrabi, Erbsen, Bohnen, Gurken und Porree sind dankbar dafür, wenn sie ein oder mehrere Male gehäufelt werden.

Erde anhäufeln

Als Sprossknolle bildet die Kartoffel an ihrem Trieb unterirdisch ständig neue Knollen. Durch das Häufeln wird der Triebabschnitt unter der Erde vergrößert und die zusätzliche Knollenbildung angeregt.

Anhäufeln trägt zur vermehrten Knollenbildung an den Kartoffelpflanzen bei.

Auch Bohnen, Erbsen, Gurken und Zucchini bilden an den angehäufelten Triebabschnitten zusätzliche Wurzeln, was dem oberirdischen Teil der Pflanze zu Gute kommt. Porree wird von vornherein sehr tief gepflanzt (siehe Seite 35) und dann mit zunehmendem Wachstum immer höher angehäufelt. Das Ziel sind möglichst lange gebleichte Stangen.

Bei Kohl und Kohlrabi kommt es auf die Standfestigkeit an. Sie werden mit zunehmendem Wachstum immer schwerer und kippen dann leicht zur Seite um. Aus diesem Grund pflanzt man sie ja auch – im Gegensatz zum Salat – tief.

Das Häufeln erfolgt am besten mit einer **Flachhacke**, mit der Sie die Erde vor beiden Seiten an die Wurzelhälse und Stängel der Pflanzen heranziehen, sodass ein kleiner, etwa 10–20 cm hoher Wall entsteht. Voraussetzung dafür ist natürlich ein **Pflanzenabstand**, der groß genug ist, um aus dem Raum zwischen den Reihen genügend Erde an die Pflanzen heranziehen zu können.

Häufeln Sie Erde an, die Sie aus einem anderen Gartenbereich geholt haben, oder verwenden Sie reifen Kompost. Zum Bleichen von Spargelstangen oder Porree eignet sich auch Sand, der nach der Ernte einfach zur Lockerung in den Boden eingearbeitet wird. Allerdings braucht das Häufeln etwas Platz, der dann eventuell für die Mischkultur oder eine kurzfristige Zwischenkultur verloren geht. Es ist aber auch keine zwingend notwendige Arbeit. Selbst Kartoffeln liefern noch reichlich Knollen, wenn sie nicht gehäufelt werden. Häufeln ist vielmehr eine vorteilhafte Kulturmaßnahme, die das Gedeihen und den Ertrag der beschriebenen Pflanzen fördert. Sie entscheiden selber, ob diese Arbeit bei Ihrem Gemüse Vorteile bringt oder nicht.

Die Geiztriebe in den Blattachseln rauben den Tomaten unnötig Kraft. Man muss rechtzeitig ausbrechen.

Tomaten ausgeizen

Tomaten bilden zunächst einen Mitteltrieb, der vom Gartenfreund an einer Stange oder Schnur nach oben gezogen wird. Mit zunehmendem Wachstum und der Ausbildung der Blätter wachsen aber auch Seitentriebe aus den Blattachseln hervor. Würde man sie einfach wachsen lassen, entstünde ein üppiges Gestrüpp, in dem sich die Früchte infolge von Lichtmangel und Bedrängnis nur mäßig entfalten können. Außerdem haben Pilzkrankheiten wie die Krautfäule in dem dichten Geflecht größere Chancen sich auszubreiten, vor allem bei kühler, feuchter Sommerwitterung.

Tomaten brauchen zum guten Gedeihen also einen luftigen Standort, die Tomatenfrüchte viel Licht, um sich zu entwickeln und heranzureifen. Auch bei der Aromabildung spielt der Lichtgenuss eine entscheidende Rolle. Aus diesem Grund werden die Seitentriebe aus den Blattachseln ausgebrochen, der Gärtner sagt: ausgegeizt. Zögern Sie mit dieser Maßnahme nicht.

Je jünger die Geiztriebe sind, desto leichter lassen sie sich ausbrechen und desto kleiner sind die zurückbleibenden Wunden, die dann auch schnell verheilen. Die ausgebrochenen Geiztriebe legen Sie einfach auf den Boden, in den Wurzelbereich der Pflanze. Dort schützen sie das Erdreich vor Austrocknung, und die bei der Verrottung frei werdenden Inhaltsstoffe kommen der Pflanze wieder zu Gute.

Spitzentriebe kappen

Fruchtgemüse wie Tomaten, Gurken, Kürbis und Zucchini können scheinbar bis ins Unendliche wachsen und ständig neue Früchte bilden. Allerdings wird durch die kürzer werdenden Tage mit immer weniger Sonnenlicht und zunehmend kühleren Temperaturen bis hin zum Frost dem Gedeihen der nicht winterharten Pflanzen ein Ende gesetzt. Dann hängen viele noch grüne oder nicht ausgereifte Früchte an den Pflanzen, die nicht mehr verwertet werden können.

Knipsen Sie deshalb rechtzeitig, etwa Ende August, die Spitzentriebe ab, damit die Früchte, die sich bis dahin gebildet haben, ausreifen können.

Tomatenpflanzen müssen stets an einem Stab aufgebunden werden. So genießen sie viel Licht und bilden reichlich Früchte.

Richtig jäten

Unter dem Sammelbegriff »Unkraut« fassen wir Wildkräuter zusammen, die in unserem Garten in so großen Mengen und mit rapidem Wachstum auftreten, dass sie unsere Kulturpflanzen bedrängen und überwuchern. Aus diesem Grund beseitigen wir das Unkraut, es wird gejätet.
Bevor Sie sich an die Arbeit machen, sollen Sie jedoch bedenken, dass es eigentlich ja nur die Überzahl ist, die die Wildpflanzen zu »Unkraut«, also zu etwas für unsere Gartenpflanzen Schädlichem macht. Dass gewisse Pflanzen vermehrt auftreten, hat aber meistens einen Grund. Vor allem bei so genannten Wurzelunkräutern ist oft eine Störung des Bodengefüges die Ursache. Wurde nach einem Neubau Ackerboden als Mutterboden herangeschafft, so liegt die Ursache für das Auftreten bestimmter Unkräuter gewöhnlich in der jahrelangen einseitigen Bewirtschaftung durch konventionelle Landwirtschaft sowie in einer Überdüngung des Bodens.
Landläufig unterscheiden wir Samenunkräuter und Wurzelunkräuter.

Tipp

Gejätete Samenunkräuter können Sie als Mulch zwischen die Reihen legen. Voraussetzung ist allerdings, dass die Unkräuter noch keinen Samen angesetzt haben. Hat sich bereits Samen gebildet, so muss das Unkraut vom Beet entfernt werden.

Samenunkräuter

Dabei handelt es sich größtenteils um einjährige Wildpflanzen, die auch Lichtkeimer sind. Sie streuen nach der Blüte ihren Samen aus, der sich an der Oberfläche verteilt und oft schon nach wenigen Wochen, spätestens aber im nächsten Frühjahr wieder aufgeht. Werden die feinen Samen durch Bodenbearbeitung mit Erde bedeckt, so bleiben sie im Boden lange keimfähig, ohne zu keimen. Werden sie später bei weiterer Bodenbearbeitung jedoch zurück an die Oberfläche befördert, gehen sie wieder auf.
Samenunkräuter sind relativ leicht in Schach zu halten. Es ist nicht nötig, sie mitsamt ihrer Wurzel herauszuziehen. Es reicht vielmehr, den oberirdischen grünen Teil mit einer Flachhacke oder einem Schuffeleisen einfach abzutrennen und liegen zu lassen. Dies sollten Sie am besten bei sonnig-trockenem Wetter tun. Dann werden die abgehackten Kräuter innerhalb weniger Stunden verdorren und eine dünne Mulchdecke auf dem Beet bilden.

Solange die Unkräuter noch jung sind, können sie leicht mit der Hacke entfernt werden. Danach einfach liegen lassen.

Dicht an den Gemüsereihen oder zwischen Zierpflanzen müssen Sie die Sämlinge natürlich herausziehen.
Samen tragende Unkräuter können Sie kompostieren, sofern es Ihnen gelingt, einen Heißkompost anzusetzen, in dessen Innern die Samen bei 60–80 °C abgetötet werden.

Wurzelunkräuter

Unter diesem Begriff fassen wir alle Wildkräuter zusammen, die durch ihr Wurzelwerk einen unbändigen Ausdehnungsdrang entwickeln, oder solche mit tief reichenden Pfahlwurzeln, die man nie ganz herausbekommt.
Hier hilft zunächst einmal nichts anderes, als die verunkrautete Fläche umzugraben und nach jedem Stich mit der Grabegabel die Wurzeln so gut und so gründlich es geht herauszulesen. Tief wurzelnde Unkräuter können mit dem Spaten oder einem speziellen

Unkrautstecher einzeln herausgeholt werden.
Allerdings bleiben immer ein paar Seitenwurzeln im Boden stecken, aus denen dann statt einer oft gleich drei oder fünf Pflanzen emporsprießen. Ebenso bleiben von den Unkräutern mit starkem Wurzelgeflecht, wie zum Beispiel Quecken, Giersch oder Ackerwinde, immer einige Wurzelstückchen im Boden, aus denen sehr schnell neue Triebe emporsprießen. Viele Gartenfreunde betrachten das Jäten deshalb als Sisyphusarbeit. So negativ muss man das nicht sehen. Wenn Sie bei der Eindämmung derartig hartnäckiger Unkräuter dranbleiben, ist der Arbeitsaufwand geringer und sind die Aussichten auf einen dauerhaften Erfolg größer.

Herausziehen oder abhacken?

Manchmal kommen bereits wenige Tage nach dem gründlichen Jäten der Wurzelunkräuter wieder junge Austriebe an die Oberfläche. Sie lassen sich leicht herausziehen. Es lohnt sich also, jeweils im Abstand von einer Woche einen Kontrollgang zu machen und die jungen Triebspitzen mit den Wurzelstückchen herauszuzupfen.
Selbst wenn das nachgewachsene Unkraut schon wieder fest im Boden haftet, brauchen Sie die ganze Jätaktion nicht noch einmal zu wiederholen. Hacken Sie die Triebe einfach immer wieder ab, sodass es bei den Pflanzen nicht zur Fotosynthese kommt. Irgendwann haben Sie gesiegt, und die Unkrautpflanzen treiben nicht mehr aus.

Wurzelunkräuter müssen tief an der Wurzel gepackt und herausgezogen werden.

Eine Mulchfolie lässt kein Unkraut zwischen den Kohlsetzlingen aufkommen.

Abdecken mit Mulchmaterialien

Vorher sowie ergänzend können Sie aber noch andere Maßnahmen ergreifen, um das Unkraut in Schach zu halten.
Alle Pflanzen brauchen Licht zum Gedeihen. Wird ihnen das Licht entzogen, so kann auch die Wurzel auf Dauer nicht mehr im Boden leben. Bedecken Sie also den Boden mit Mulchmaterialien: Grasschnitt, der ausnahmsweise auch einmal dick aufgetragen werden darf, also ruhig 10–15 cm, oder andere Pflanzenmaterialien. Mehrere Lagen Wellpappe, Zeitungspapier oder gar eine schwarze Plastikfolie gehören schon zu den radikaleren Maßnahmen, die man bei extremer Verunkrautung anwenden kann.

Tipp

Wohin mit den Wurzelunkräutern? Außer dem Weg in die Mülltonne gibt es zwei Möglichkeiten:

- **Verdorren lassen**
  Breiten Sie die Unkräuter an einem trockenen sonnigen Platz aus, bis sie verdorrt sind. Danach können Sie sie unbesorgt auf den Komposthaufen werfen.
- **Verjauchen**
  Werfen Sie Wurzelunkräuter und auch Samen tragende Unkräuter in eine Tonne und übergießen Sie das Ganze mit Wasser. Daraus entsteht eine Pflanzenjauche wie auf Seite 47 beschrieben. Haben sich die Bestandteile aufgelöst, können Sie die Pflanzenjauche 1:10 verdünnen und zur Flüssigdüngung verwenden.

Tipp

- Auch stark zehrende, den Boden lockernde und bedeckende Gemüsepflanzen können Unkraut verdrängen. Allen voran genannt seien Kartoffeln, die durch die Entwicklung der Knollen den Boden lockern. Durch das zweimalige Anhäufeln werden die Unkräuter ebenfalls gestört, und mit dem sich kräftig entwickelnden Kraut entziehen die Kartoffeln den unerwünschten Konkurrenten Licht.
- Kürbisranken bedecken ebenfalls den Boden und nehmen den Unkräutern Licht. Lassen Sie auch abgestorbene Ranken und Blätter so lange wie möglich liegen.

Gründüngung gegen Wurzelunkraut

Zur so genannten Gründüngung, die »nebenbei« noch den Vorzug hat, ein gestörtes Bodengefüge wieder ins Lot zu bringen, gehört *Phacelia*, wegen ihrer Eigenschaft als Bienennahrung auch »Bienenfreund« genannt. *Phacelia* oder Büschelschön blüht nicht nur schön blauviolett, sondern bildet auch kräftige Wurzeln aus, die in der Lage sind, die Wurzeln der hartnäckigen Unkräuter zu verdrängen.

Kräftiges Wurzelwerk haben auch die Gründüngungspflanzen aus der Familie der Kreuzblütler wie **Ölrettich, Raps oder Senf.** Mähen Sie diese Gründüngung ab, bevor die Pflanzen Samen ansetzen, und lassen Sie sie einfach als Mulchdecke liegen. Die Wurzelunkräuter werden dadurch zwar nicht restlos verdrängt, aber verbliebene einzelne Exemplare lassen sich relativ leicht entfernen.

Rankende Kapuzinerkresse überwuchert eine Fläche sehr schnell, allerdings erst ab der Sommermitte. Sie lässt, hat sie erst einmal ein dichtes Blattwerk entwickelt, kein Licht mehr auf den Boden, sodass Unkraut aller Art unterdrückt wird. Lassen Sie die Kapuzinerkresse im Herbst abfrieren und die abgestorbenen Triebe so lange wie möglich ins nächste Frühjahr hinein liegen. Dann hat aufkeimendes Unkraut keine Chance.

Thermische Unkrautbekämpfung

Wer störende Wildkräuter auf Wegen, Terrassen oder sonstigen Pflasterflächen beseitigen will, kann auf so genannte thermische Geräte zurückgreifen. Die Wärme wird entweder durch eine Gasflamme oder eine elektrische Heizspirale erzeugt. Man führt diese Geräte dicht an die Unkräuter heran, die unter dem Einfluss der Hitze in Sekundenschnelle welken. Zwar wird nur der oberirdische Teil abgetötet, aber bei regelmäßiger, wiederholter Anwendung treiben irgendwann keine neuen Blätter mehr aus dem Wurzelstock aus.

Senf zerkrümelt mit seinen starken Wurzeln die feste Gartenerde und verdrängt durch sein schnelles Wachstum hartnäckige Unkräuter.

Phacelia ist nicht nur eine hervorragende Bienenweide. Sie bietet mit ihren kräftigen und tief reichenden Wurzeln auch den Wurzelunkräutern Paroli.

Erntefreuden – aber richtig!

Mit der Ernte werden wir für unsere Mühen belohnt. Doch auch hierbei gibt es einiges zu beachten, wie zum Beispiel die Witterung, den richtigen Reifegrad und die richtige Tageszeit.

Als Erstes stehen die am schnellsten erntereifen Gemüsearten auf dem Plan, und dazu gehören zweifellos die **Radieschen**. Stehen die kleinen scharfen Knollen noch dicht in der Reihe, so suchen wir schon vorher diejenigen aus, die bereits eine kleine Kugel gebildet haben, und ziehen sie heraus. Anschließend werden die heranwachsenden Radieschen so gezogen, dass in gebührendem Abstand zueinander einige kräftige Exemplare stehen bleiben und sich kräftig entwickeln. Doch dann, vor allem wenn die sommerliche Hitze zunimmt, ist erhöhte Wachsamkeit geboten. Werden die Radieschen nicht rechtzeitig geerntet, so schossen sie, das heißt, sie bilden Blütentriebe, werden dann strunkig und schmecken nicht mehr.

Nach und nach die jeweils größten Exemplare ernten und die anderen zum Nachwachsen stehen lassen ist ein Verfahren, das Sie bei jedem Wurzelgemüse anwenden können, also auch bei Möhren, Roten Beten und Schwarzwurzeln.

Auch **Salate** wachsen schnell heran. Kopfsalat wurde rechtzeitig umgepflanzt, damit er kräftige Köpfe bildet, Schnittsalat und Pflücksalat können in der Saatreihe stehen bleiben oder auch mit größerem Abstand verpflanzt werden. Es versteht sich von selbst, dass die größten Köpfe, die größten Blätter jeweils zuerst geerntet werden, wobei Sie auch hier immer ein wenig darauf achten können, durch die Ernte zugleich den benachbarten Pflanzen etwas mehr Freiraum zum Wachsen zu geben. So erzielen Sie von Ihren Salatpflanzen den größtmöglichen Ertrag.

Vorsicht Nitrat!

Salate, Mangold, Spinat und andere Blattgemüsearten werden möglichst frisch geerntet. In den Blättern lagert sich Stickstoff in Form von Nitrat ein. Das ist ein ganz natürlicher Nährstoff, der von den Pflanzen benötigt wird. Nur ein Übermaß an Nitrat ist für den menschlichen Organismus schädlich.

Der Nitratgehalt in den Pflanzen schwankt ständig. Unter dem Einfluss von Sonnenlicht wird

Frisches, knackiges Gemüse, zum rechten Zeitpunkt geerntet, weckt die Lebensgeister.

Am besten schmecken die Gemüsefrüchte, hier Paprika, wenn sie richtig ausgereift sind.

Nitrat abgebaut. Deshalb ist es am besten, Salat, Spinat, Kohl und Mangold nicht gleich morgens, sondern **erst gegen Mittag zu ernten**, wenn er benötigt wird. Dann nämlich war er in den Morgenstunden der Sonne ausgesetzt und konnte einiges an Nitrat abbauen.

Der richtige Zeitpunkt

Fruchtgemüse wie **Tomaten und Paprika** lässt man an der Pflanze so lange wie möglich ausreifen und erntet es den Sommer über möglichst kurz vor dem Verzehr. Je mehr Sonnenlicht die Früchte genossen haben, desto aromatischer sind sie. Erst im Herbst, wenn die ersten Fröste drohen, kann man auch die noch nicht ausgereiften Früchte abpflücken und im Haus nachreifen lassen. Sie haben dann allerdings lange nicht das intensive Aroma wie im Sommer.
Gurken und Zucchini dagegen sollte man nicht zu lange an den Pflanzen lassen. Überreife Gurkenfrüchte färben sich gelb und werden bitter, und vor allem Zucchini verlieren an Geschmack, wenn man sie zu riesigen Keulen heranwachsen lässt. Möglichst jung geerntet, schmeckt ihr Fruchtfleisch besser.
Auch **Erbsen und Bohnen** sollte man nicht zu lange an den Ranken belassen. Man erntet sie, wenn sie fühlbar Samen im Innern gebildet haben, die Schoten jedoch noch nicht hart sind. Nur wenn Sie Erbsen und Bohnen zum Trocknen für den Winter aufbewahren wollen, lassen Sie die dicksten und kräftigsten Bohnen so lange wie möglich hängen, pflücken sie erst kurz vorm Aufplatzen und lassen sie dann auf einem Tuch oder Papier ausgebreitet nachtrocknen.

Kartoffeln werden mit der Hacke oder Grabegabel geerntet, wenn das Kraut welkt und der Boden möglichst trocken ist.

Knollenernte

Die **Erntereife** von Kartoffeln erkennt man an der Blütenbildung. Fängt das Kraut danach langsam an zu welken, so können sie ausgegraben werden. Dies trifft allerdings nur auf die späten Sorten zum Einlagern zu. Frühkartoffeln sind erntereif, wenn sich die Schale nicht mehr mit der Hand abreiben lässt. Haben Sie Topinambur im Garten, so wird der Erntebeginn durch die Blüte angezeigt. Sie können die gesunden Knollen aber auch den ganzen Winter hindurch ernten, sofern der Boden nicht gefroren ist.
Zum **Ernten der Knollen** setzen Sie den Krail am Ende der Reihe an, hacken die Zinken so tief wie möglich in den Boden, sodass sie unter den Knollen greifen, und ziehen den Krail dann mit einem leichten Ruck heraus. Auch mit der Grabegabel können Sie die Knollen anheben und dabei an der Kartoffelstaude ziehen. So kommen die Knollen zum Vorschein, die Sie dann in einem Gitterkorb sammeln können.

Kräuterernte

Kräuter können zur sofortigen Verwendung oder zum Trocknen geerntet werden. Frische Blätter können Sie von vielen Kräutern jederzeit ernten, so von Schnittlauch, Dill und Petersilie, von Minze, Melisse, Zitronenverbene, Salbei und vielen anderen mehr. Um die aromatischen Kräuter

Kräuterernte: An einem sonnigen Vormittag im Juni oder Juli ist der beste Zeitpunkt dafür.

Die Kräuter werden leicht abgespült und, jede Art für sich, gebündelt.

Die gebündelten Kräuter hängt man an einem trockenen, luftigen und schattigen Ort zum Trocknen auf.

auch noch im Winter genießen zu können, müssen sie getrocknet werden. Dies ist allerdings bei Petersilie, Dill, Schnittlauch, Basilikum und anderen kurzlebigen Kräutern nicht möglich, sondern nur bei ausdauernden Kräutern, angefangen bei den Minzen und Melissen über Thymian, Salbei, Verbenen bis hin zu Johanniskraut, Ringelblume oder Eberraute und Ysop.

Der **beste Zeitpunkt für die Kräuterernte** liegt zwischen Mitte Juni und Mitte Juli an sonnig-warmen Tagen zwischen 11 und 12 Uhr. Dann sind die Kräuter frei vom nächtlichen Tau und haben infolge der Sonneneinstrahlung viele Aromastoffe eingelagert.

Kräuter trocknen

Man schneidet die Triebe mit der Schere in einen Korb, sodass sie locker liegen und nicht gedrückt werden, spült sie anschließend unter dem Wasserhahn leicht ab und breitet sie zunächst auf einem Küchentuch aus. Je nach Art und Beschaffenheit kann man die Triebe mit einem Bastfaden bündeln und kopfunter an einem schattigen, luftigen Ort zum Trocknen aufhängen. Eine andere Möglichkeit besteht darin, die Blätter abzuzupfen und auf einem mit Gaze bespannten Holzrahmen auszubreiten, der ebenfalls an einen luftig-schattigen Ort gelegt wird. Die getrockneten Kräuter werden später in Schraubgläser gefüllt und an einem kühlen, dunklen und trockenen Ort aufbewahrt. Den ganzen Winter über können Sie davon zehren.

Obsternte

Beerenobst ist reif, wenn es Farbe zeigt. Durch eine Kostprobe können wir uns noch genauer von der Reife überzeugen. Das Gleiche gilt für Kirschen, Pflaumen, Mirabellen und Aprikosen. Bei Äpfeln, Birnen und Quitten ist die Reife nicht allein an der Farbe zu erkennen. Man nimmt eine Frucht in die Hand und dreht sie leicht. Löst sie sich dann vom Baum, dann sind die Früchte reif zum Ernten. Lässt sich die Frucht auf diese Weise noch nicht lösen, so ist noch etwas Geduld angesagt. Je länger die Früchte am Baum hängen, desto vitaminreicher und aromatischer sind sie.

Bei Äpfeln und Birnen ist der **Apfelpflücker** mit einem langen Stiel ein nützliches Gerät für Baumpartien, die nicht so leicht zu erreichen sind. Außerdem brauchen wir zur Ernte an hohen Bäumen eine gute, **standsichere Leiter**, um die Früchte pflücken zu können.

Die gepflückten Früchte werden vorsichtig in eine Kiste oder einen Korb gelegt. Das gilt vor allem für Lagerobst wie Äpfel und Birnen,

In einem Obstregal lassen sich die Äpfel leicht kontrollieren. Sie halten bis ins Frühjahr hinein.

jede Druckstelle hat Fäulnis zur Folge.

Der Rest, den wir weder mit der Leiter noch mit einem Pflückgerät erreichen, wird geschüttelt und anschließend sofort verwertet oder den Vögeln überlassen.

Obst und Gemüse einlagern

Verständlicherweise will man auch den Winter hindurch von vielen eigenen Gemüsearten zehren. Leider sind die Möglichkeiten dafür begrenzt, wenn man das Gemüse weder einkochen noch einlegen oder in der Tiefkühltruhe aufbewahren will. Für die Lagerung von Kartoffeln, Obst und anderem Gemüse sind die Keller in den meisten Häusern zu warm. Haben Sie ein Haus mit mehreren Kellerräumen, so halten Sie einen davon **möglichst kühl**, indem Sie die Kellerfenster immer geöffnet lassen. Beheizte Kellerräume bleiben dagegen geschlossen. Lagern Sie Kartoffeln nie mit Äpfeln oder Birnen in ein und demselben Keller, da Obst Äthylen ausdünstet, das die Haltbarkeit der Kartoffeln herabsetzt.

Äpfel und Birnen werden auf Regalen oder in flachen Kisten gelagert. Ideal ist es, wenn man sie nicht übereinander legen muss, sondern nebeneinander ausbreiten kann. So erkennt man sofort faulende Äpfel, die dann ausgelesen werden müssen, damit sie andere nicht anstecken.

Für **Kartoffeln** ist die gute alte Kartoffelhorde noch immer der beste Ort der Aufbewahrung, vorausgesetzt der Keller ist kühl genug, aber frostfrei.

Abdecken oder einschlagen

Wurzelgemüse, Kohl und **Porree** bleiben so lange es irgend geht im Freien. Frischer als von dort können Sie sie nicht ernten. Die ersten Herbstfröste vertragen sie ohnehin. Eigentlich können ihnen erst die anhaltenden Fröste ab Januar so richtig zusetzen. Sie können ihnen **Schutz durch Anhäufeln, Stroh- oder Laubschüttungen** geben. Allerdings lassen sie sich dann bei Schnee nur sehr schwer ernten. Einen guten Schutz bietet auch ein Vlies, das Sie doppelt und dreifach über dem Gemüse ausbreiten können. Ideal ist, wenn Sie es in Form eines Tunnels über die Beete spannen können. So lastet der Schnee nicht durch das Vlies auf dem Gemüse. Ungeeignet sind Plastikfolien. Sie sind nicht luftdurchlässig. Es findet also kein Luftaustausch statt, und der Nitratgehalt erhöht sich.

Zum Schutz vor den extremeren Temperaturen lagern Sie **Kohlgemüse, Möhren** und **Porree** in **Kisten mit feuchtem Sand** im Keller ein. So haben Sie noch bis ins Frühjahr frisches Gemüse.

Auf einen Blick

- Um Gießwasser zu sparen, sollte der Boden gemulcht oder durch Zwischensaaten bedeckt werden.
- Zur Nährstoffversorgung kann man aus Brennnesseln und Beinwellblättern eigene Düngejauchen ansetzen.
- Anhäufeln gibt vielen Gemüsearten Standfestigkeit.
- Tomaten müssen regelmäßig ausgegeizt werden.
- Samenunkräuter jätet man, bevor sie in Blüte gehen.
- Wurzelunkräuter lassen sich durch dicke Mulchdecken, Gründüngung und Verjauchen in Schach halten.
- Kräuter werden am Vormittag eines sonnigen Sommertages geschnitten.
- Äpfel und Birnen pflückt man vorsichtig und lagert sie in Kisten im kühlen Keller.
- Viele Gemüsearten können bis in den Winter hinein im Freien bleiben. Wurzelgemüse und Kohl lässt sich im Keller in Sandkisten einschlagen.

Bäume und Sträucher

Bäume und Sträucher, gemeinsam als Gehölze bezeichnet, sind die beständigen Pflanzen in unseren Gärten. Bäume, die wir heute pflanzen, überdauern unser Leben, sofern sie nicht vorher gefällt werden. Deshalb müssen sie mit Bedacht ausgewählt und in den Garten eingeplant werden. Diese Sorgfalt bei Planung, Auswahl und Pflanzung entscheidet über das Gedeihen und die Lebensdauer eines Baumes oder Strauchs.

Einkauf

Gehölze kaufen wir in der Baumschule. Dort werden sie nicht nur in verschiedenen Wuchshöhen, sondern auch mit unterschiedlich beschaffenem Wurzelwerk angeboten.

In der einfachsten und billigsten Form liegen die Wurzeln der Pflanzen völlig frei. Sie sind in der Baumschule »eingeschlagen«, also mit Erde bedeckt, aber wenn der Verkäufer sie dort herausholt, bleibt keine Erde mehr an den Wurzeln haften. Diese Angebotsform nennt man **»wurzelnackt«**. Obstbäume und -sträucher, Wildgehölze und Heckenpflanzen werden meistens in dieser Form angeboten, oft aber auch Rosen. Wurzelnackte Gehölze sind am billigsten. Sie erfordern aber beim Pflanzen die größte Sorgfalt.

Bei anderen Bäumen und Sträuchern sind die Wurzeln von einem Erdballen umgeben, der in ein Ballentuch eingepackt ist. Diese Gehölze mit Wurzelballen werden demgemäß als **»Ballenware«** bezeichnet. Bei sehr großen Bäumen ist der Wurzelballen außerdem durch einen Maschendraht gesichert. Der Vorteil: Die Wurzeln von Baum und Strauch trocknen nicht so leicht aus. Und sie bekommen einen Teil der Erde, in der sie gewachsen sind, mit auf den Weg. Diese Gehölze wurden in der Baumschule mehrmals »verschult«, also umgepflanzt, sodass der Wurzelballen immer dichter und fester wurde. Ballenpflanzen haben also sehr gute Startbedingungen am neuen Standort.

So genannte **Containerpflanzen** wurden in Kunststofftöpfen, also Containern, herangezogen. Wie eine Zimmerpflanze im Blumentopf haben sie einen kräftig durchwurzelten »Topfballen« gebildet. Während man wurzelnackte Pflanzen und Ballenware nur im Frühjahr oder Herbst pflanzen darf, können Containerpflanzen aufgrund ihres Topfballens rund ums Jahr gesetzt werden, ausgenommen bei gefrorenem Boden. Möchten Sie also im Juni eine blühende Rose pflanzen, so kaufen Sie eine blühende Rose im Container und

Als wurzelnackte Gehölze sind Obstbäume, Heckenpflanzen und oft auch Rosen im Angebot. Hier das kräftige Wurzelwerk.

Mit einem durch ein Ballentuch befestigten Wurzelballen werden die meisten Gehölze in der Baumschule angeboten.

pflanzen sie an die gewünschte Stelle im Garten. Rosen und andere Pflanzen werden heute nicht nur in Töpfen aus Plastik, sondern auch aus verrottbaren Recyclingmaterialien auf der Basis von Papier oder Pappe angeboten. Diese Container reißt man beim Pflanzen allenfalls auf. Man braucht sie aber nicht zu entfernen.

Ein Blick in die Baumschule

Wenn Sie Bäume und Sträucher kaufen, sollten Sie nicht den verlockend billigen Sonderangeboten im Supermarkt oder Heimwerkermarkt nachgeben, sondern ausschließlich in Markenbaumschulen des BdB kaufen. Einige Baumschulen ziehen heute ihre Gehölze auch nach biologischen Methoden heran. Achten Sie dann auf die Markenzeichen der Verbände des biologischen Land- und Gartenbaus wie Bioland, Naturland, Demeter und andere. Es schadet auch nicht, wenn Sie erst einmal einen Blick in die Quartiere werfen und die dort angebotenen Bäume und Sträucher genauer unter die Lupe nehmen. Ein etwas kritischer Blick offenbart auch, wie man dort mit dem Boden und den Pflanzen umgeht. Wurde zur Bedeckung zeitweise ungenutzter Flächen Gründüngung gesät oder die Erde gemulcht, oder entdecken Sie Flächen mit gelbbraunem Wildkraut, das mit einem Herbizid totgespritzt wurde? Wie sieht das Erdlager aus? Liegen dort haufenweise Torfsäcke, oder verwendet man überwiegend Kompost und Torfersatzstoffe? – Sprechen Sie Ihren Baumschulisten darauf an. An seiner Antwort werden Sie etwas über seine innere Einstellung erfahren. Selbstverständlich ist die Frage, ob die Pflanzen in der Baumschule nach biologischen Gesichtspunkten herangezogen wurden oder nicht, nicht das einzige Kriterium. Leider gibt es ja bisher nur sehr wenige Bio-Baumschulen. Wichtig ist, dass der Baum in Ihrem Garten giftfrei weiterwachsen kann.

Containerpflanzen, also Gehölze, die im Topf herangezogen wurden, kann man zu jeder Jahreszeit pflanzen.

Qualitätsmerkmale

Allgemein erkennt man die Qualität an den Trieben sowie am Wurzelwerk der Bäume und Sträucher.

Wurzelnackte Gehölze dürfen nicht frei herumliegen. Sie müssen im Einschlag immer mit Erde bedeckt sein. Ihr Wurzelwerk sollte reich verzweigte Faserwurzeln aufweisen und frei von Beschädigungen sein. Sträucher haben in der Regel mindestens drei kräftige Triebe. Bei **Himbeersträuchern** ist oft nur eine Rute vorhanden. Diese Rute muss kräftig sein, und die Pflanze sollte mehrere Wurzelknospen besitzen. Triebe und Wurzeln müssen frei von Krankheiten sein.

Bei **Ballenpflanzen** muss der Umfang des Ballens im Umfang annähernd mit dem von Baum oder Strauch übereinstimmen. Dies ist vor allem bei Nadelgehölzen wichtig, deren Astwerk man nicht durch einen Pflanzschnitt dem Ballenumfang anpassen kann.

Die **Mindestgröße von Containern** sollte 2 l betragen. Größere Gehölze müssen auch in einem angemessen großen Container stabil stehen. Stämme und Äste dürfen weder Verletzungen an der Rinde noch durch unsachgemäßen Schnitt zurückgebliebene Stummel (»Kleiderhaken«) aufweisen. Bei veredelten Gehölzen muss die Veredlungsstelle fest verwachsen sein.

Achten Sie beim Kauf von Bäumen auch auf eine gut verzweigte Krone mit mehreren gleich starken und gleichmäßig verteilten Leittrieben, die keine Astgabeln oder Astquirle aufweisen. Dadurch haben Sie beste Startbedingungen für einen guten Aufbau Ihres Baumes.

Bäume und Sträucher pflanzen

Wurzelnackte Gehölze pflanzen

Die Wurzeln wurzelnackter Gehölze dürfen **nie austrocknen.** Kommen Sie nicht sofort zum Pflanzen, so müssen die Bäume und Sträucher zunächst einmal eingeschlagen werden. Dazu heben Sie einen flachen Graben aus, legen die Gehölze mit ihren Wurzeln schräg hinein und decken die Wurzeln eine Handbreit bis über den Wurzelhals hinaus locker mit Erde zu. So bleiben sie feucht, und die Bäume und Sträucher lassen sich zum Pflanzen leicht aus der Erde herausziehen.

Stellen Sie die Gehölze vor dem Pflanzen zunächst einmal für 2–3 Stunden mit ihren Wurzeln in eine Wanne Wasser. Während sie sich dort gehörig vollsaugen, können Sie die **Pflanzgrube vorbereiten.** Sie heben das Pflanzloch so groß und so tief aus, dass die Wurzeln rundum genügend Platz haben und nicht an die Wände des Pflanzlochs anstoßen. Je fester und bindiger der Boden ist, desto größer sollte das Pflanzloch sein.

Bei festem Boden sollten auch die Wände etwas aufgeraut, der Untergrund etwas gelockert werden, um dem »Blumentopfeffekt« vorzubeugen, also zu vermeiden, dass die Wurzeln sich nur in der gelockerten Pflanzgrube ausbreiten und dann nicht mehr darüber hinauswachsen. Am besten ist es in einem solchen Fall, nicht nur das Pflanzloch, sondern auch die Erde drumherum gründlich vorzubereiten.

Vor dem Pflanzen erhält das wurzelnackte Gehölz einen **Pflanzschnitt.** Dazu werden die Wurzeln um etwa 1 cm eingekürzt. So regen wir ihre Verzweigung im Boden an. Vor allem müssen aber abgeknickte Wurzelteile abgeschnitten werden. Achten Sie darauf, dass die Schnittflächen möglichst klein sind und wenn möglich nach unten weisen. Anschließend werden die oberen Triebe so weit zurückgeschnitten, dass ihre Ausmaße ungefähr dem Volumen des Wurzelwerks entsprechen. Je nach Gehölzart bildet ein entsprechender Kronenaufbau die Grundlage für die weitere Erziehung.

Bei wurzelnackten Gehölzen müssen die Wurzeln angeschnitten werden. Abgeknicktes oder sonstwie Beschädigtes wird abgeschnitten.

Einen Obstbaum pflanzen

Obstbäume sollen über Jahrzehnte reichlich Früchte liefern. Voraussetzung ist ein gesunder Baum, der nicht oder nur wenig von Krankheiten und Schädlingen befallen wird. Aus diesem Grund bereiten wir die Pflanzgrube für einen Obstbaum besonders sorgfältig vor.

Pflanzgrube vorbereiten

Im Idealfall beginnt man damit bereits einige Monate, bevor der Baum gepflanzt wird. Schachten Sie zunächst eine Grube von etwa 1 m Durchmesser und 50 cm Tiefe aus. Bei einem bindigen Boden wird die Sohle gelockert, bei einem ausgesprochenen Sandboden nicht. Der Aushub wird gründlich mit verrottetem Mist oder Kompost vermischt; geben Sie ruhig eine ganze Schubkarre voll dazu.

Der Baumpfahl

In die offene Grube schlagen Sie senkrecht den Baumpfahl ein. Verwenden Sie einen Pfahl, der

nicht kesseldruckimprägniert ist. Kesseldruckimprägniertes Holz enthält Schwermetalle, und wenn der Pfahl abgefault ist, muss er auf dem Sondermüll entsorgt werden. Der Baumpfahl wird ohnehin höchstens zwei Jahre benötigt. Danach ist der Baum so gut in der Erde verwurzelt, dass der ihn nicht mehr braucht. Es ist also völlig überflüssig, Baumpfähle in irgendeiner Form zu imprägnieren.

Schlagen Sie den Baumpfahl so ein, dass er selbst in der offenen Pflanzgrube fest steht. In der Regel wird er an der Seite des Baumes eingeschlagen, an der der meiste Winddruck zu erwarten ist, also an der Westseite. Will man mit dem Pfahl aber auch den Stamm vor Frostrissen im Nachwinter schützen, so kann man den Pfahl an der Südseite des Baumes platzieren. In die offene Grube wird der Pfahl auf jeden Fall mehr

So pflanzt man einen Baum:

1 Das Pflanzloch muss so groß sein, dass rund um den Ballen eine Handbreit Platz für eingefüllte Erde bleibt.

2 Der Baum wird mit dem Wurzelballen ins Pflanzloch gestellt und der Knoten des Ballentuchs gelöst.

3 Ein gut durchwurzelter Ballen fällt nicht auseinander. So kann das Ballentuch ganz entfernt werden.

4 Rundum wird gleichmäßig die mit Kompost vermischte Erde des Aushubs eingeschaufelt.

5 Antreten ist nur rund um den Wurzelballen erlaubt, nicht am Stamm.

6 Der frisch gepflanzte Baum muss gründlich eingeschlämmt werden.

zum Rand hin eingeschlagen, sodass der später gepflanzte Baum in der Mitte steht und bequem angebunden werden kann.
Anschließend füllen Sie die Pflanzgrube mit dem Gemisch aus Erdaushub und Kompost oder Mist wieder. Schaufeln Sie die Erde ruhig ein wenig überhöht obenauf, sie soll sich ja setzen. Nach einigen Monaten heben Sie das Pflanzloch an dieser Stelle dann nur noch passend zum Wurzelwerk aus und errichten in der Mitte der Sohle einen kleinen Erdkegel.

Der Pflanzschnitt

Dann nehmen Sie den Pflanzschnitt vor: die Wurzeln um ein Drittel kürzen und von den Trieben nur einen langen Mitteltrieb und drei kräftige, gleichmäßig nach allen Seiten abzweigende Seitentriebe stehen lassen. Anschließend werden diese Triebe noch einmal so weit eingekürzt, dass sie in ihren Ausmaßen das Wurzelwerk nicht überragen. Mitteltrieb und Seitentriebe sollten dann ungefähr in einem gleichschenkligen Dreieck zueinander stehen.

Einsetzen, angießen und festbinden

Der Baum wird möglichst nah an den Pfahl gestellt, sodass sich die Wurzeln über dem vorbereiteten Erdkegel gleichmäßig nach unten ausbreiten. Dann wird von allen Seiten Erde eingeschaufelt. Einmal noch den Baum unter leichtem Schütteln ein wenig anheben, damit sich die Erde zwischen den Wurzeln verteilt, dann wird die Grube zugeschaufelt.

Wichtig: Die Veredlungsstelle des Obstbaums muss deutlich über dem Boden liegen.

Sie darf nicht mit der Erde in Berührung kommen!
Schließlich im Wurzelbereich mit dem Fußabsatz einmal rundum kräftig antreten.
Schütten Sie zuletzt rund um das zugeschaufelte Pflanzloch einen kleinen Erdwall auf. In diese Gießmulde hinein füllen Sie Wasser aus der Gießkanne oder dem Schlauch ohne Brause. Je nach Bodenverhältnissen und abhängig davon, wie schnell das Wasser versickert, muss noch zwei oder drei Mal nachgefüllt werden. Danach wird der Baum mit einem Kokosstrick in einer Achterschlaufe am Pfahl festgebunden. Schlingen Sie den Strick nicht zu fest um den Stamm, denn dieser entwickelt, sobald die Wurzeln Fuß gefasst haben, ein zunehmendes Dickenwachstum. Die Schlaufe wird immer an der Rückseite des Pfahls, niemals am Stamm selber verknotet.

Pflanzzeit

Obstbäume pflanzt man am besten im Frühjahr vor dem Austrieb der Blätter. In spätfrostgefährdeten Gebieten ist der Herbst, nach dem Laubfall, als Pflanztermin vorzuziehen. Dann bildet der Baum früher junge Wurzeln, durch die er sich versorgen kann.

Johannisbeeren und andere Beerensträucher pflanzen

Johannisbeeren, Stachelbeeren und deren Kreuzung Jostabeeren haben flach auslaufende Wurzeln. Deshalb ist es hier ganz besonders wichtig, dass der Boden nicht nur im Pflanzloch verbessert wird. Lockern Sie ihn auch noch rundherum. Die Beerensträucher werden wie die Obstbäume gewässert, geschnitten und in ein gut vorbereitetes Pflanzloch gesetzt, das aber, anders als bei den Obstbäumen, direkt vor dem Pflanzen ausgehoben werden kann. Nicht veredelte Beerenstäucher (ausgenommen Hochstämmchen) pflanzt man tiefer, als sie vorher im Boden gestanden haben, sodass auch die Triebe eine Handbreit von Erde umgeben sind. Anschließend antreten und gründlich wässern.

Rosen pflanzen

Für die Königin der Blumen gilt das Gleiche wie für Beerenobst: Sie muss tief gepflanzt werden, veredelte Rosen so tief, dass die **Veredlungsstelle etwa drei Fingerbreit mit Erde bedeckt** ist. Da Rosen Tiefwurzler sind, muss die Sohle des Pflanzlochs unbedingt gelockert werden, damit die Wurzeln später auch leicht in tiefere Bodenregionen vordringen können. Anschließend gründlich einschlämmen und anhäufeln.

Rosen pflanzen:

1 Pflanzschnitt einer Rose: nur die kräftigsten Triebe bleiben stehen und werden noch eingekürzt.

2 Auch die Wurzeln werden angeschnitten, sodass zwischen oben und unten ein Gleichgewicht herrscht.

3 Die Veredlungsstelle der Rose muss etwa drei Finger hoch mit Erde bedeckt werden.

4 Anschließend Erde einfüllen, dabei die Rose ein wenig schütteln, damit sich die Erde gleichmäßig verteilt.

5 Die Rose wird gründlich gewässert, sodass die Wurzeln im Boden Halt finden.

6 Vor allem bei Herbstpflanzung abschließend anhäufeln.

Gehölze mit Wurzelballen pflanzen

Einzelne größere Bäume und Sträucher werden zumeist mit Wurzelballen gepflanzt. Da die Wurzeln von feuchter Erde umgeben sind, entfällt das vorherige Wässern. Sollten Sie nicht gleich nach dem Einkauf oder der Lieferung zum Pflanzen kommen, so schlagen Sie die Gehölze zunächst ein.

Das Pflanzloch wird so groß ausgehoben, dass rund um den Ballen noch eine Handbreit Platz bleibt, der Baum oder Strauch nur so tief gesetzt, wie er in der Baumschule gestanden hat. (Dies erkennen Sie leicht am Wurzelhals.) Große Gehölze mit schwerem Ballen setzen sich nach dem Pflanzen noch. Deshalb pflanzt man sie etwa 5 cm höher ein und benässt die Oberfläche des Ballens mit Wasser.

Steht der Baum oder Strauch dann mit dem Ballen im Pflanzloch, löst man bei großen Bäumen das Drahtgeflecht mit der Zange und auf jeden Fall den Knoten des Ballentuchs. Streifen Sie Draht und Tuch so weit es geht zur Seite. Bei einem schönen, festen Ballen nehmen Sie es am besten ganz weg. Heben Sie dazu den Baum leicht an, und ein Helfer zieht Drahtgeflecht und Ballentuch heraus. Anschließend zuschaufeln, die Erde rund um den Wurzelballen (nicht den Stamm!) festtreten und gründlich wässern.

Hochstamm oder Heister?

Die klassische Form eines Laubbaumes ist der **Hochstamm**. Das heißt, der Stamm beginnt sich erst in einer gewissen Höhe von beispielsweise 2 m zu verzweigen und entfaltet dort seine Krone in der ihm typischen Gestalt.

Senkrecht eingeschlagener Baumpfahl: Mit Kokosstrick wird der Baum in einer Achterschlaufe angebunden.

Die meisten Nadelbäume, aber auch viele Laubbäume sind jedoch von unten her beastet. Einige besitzen nicht nur einen, sondern mehrere Stämme, mit denen sie nach oben streben. In der Fachsprache der Baumschuler nennt man solche Gehölze **Heister**. Sie haben aufgrund ihres schönen Wuchses meistens Einzelstellung verdient und werden auch unter dem Begriff »Solitärgehölz« oder einfach »Solitär« gehandelt.

Nicht zu verwechseln sind Heister mit **Sträuchern** (auch wenn es große Sträucher sind), die im Gegensatz zu einem Baum keine Stämme bilden, sondern aus dem Boden oder ihrer Basis immer wieder neue Triebe hervorbringen. Die Grenzen sind allerdings fließend. So kann zum Beispiel ein Haselnussstrauch durchaus die baumartige Gestalt eines Heisters annehmen.

Schräg werden die Pfähle bei Bäumen mit großem Wurzelballen eingeschlagen.

Baumpfahl-Variationen

Derartige Gehölze kauft man meistens als Ballenware. Da sie in einer gewissen Größe gepflanzt werden, brauchen sie einen Baumpfahl. Allerdings kann man diesen Pfahl nicht wie beim Obstbaum mit seinen nackten Wurzeln direkt am Stamm einschlagen. Damit würde man den Wurzelballen beschädigen. Vielmehr wird der Pfahl an der Seite, aus der der meiste Winddruck zu erwarten ist, dicht am Stamm vorbei schräg in den Boden getrieben – außerhalb der Pflanzgrube und damit des Ballens. Daran wird der Baum mit Kokosstrick in einer Achterschlaufe festgebunden. Bei sehr großen Bäumen kann man auch zwei oder drei Pfähle einschlagen. Und bei Hochstämmen bietet sich zudem die Möglichkeit, zwei Pfähle senkrecht außerhalb der Pflanzgrube einzuschlagen und den Stamm nach beiden Seiten mit ineinander verflochtenen Kokosstricken zu befestigen.

Welche Art der Befestigung Sie wählen, hängt von der Größe und Beschaffenheit des Baumes und den örtlichen Verhältnissen ab. Der frisch gepflanzte Baum darf vom Wind keinesfalls so stark bewegt werden, dass durch die Hebelkraft die feinen frisch gewachsenen Haarwurzeln in der Pflanzgrube immer wieder losgerissen werden. Im Durchschnitt dauert es zwei Jahre, bis die Wurzeln im Erdreich außerhalb der Pflanzgrube Fuß gefasst haben, sodass der Baum auch ohne Pfahl weiterwachsen kann.

Ein gleichmäßig und kräftig durchwurzelter Ballen einer Containerpflanze.

Containergehölze

Bäume und Sträucher, die im Container herangezogen wurden, sind am teuersten. Man geht aber damit auch das geringste Risiko ein. Viele Kleingehölze werden heute gar nicht mehr anders angeboten. Leisten Sie sich Containerpflanzen, die in aller Regel gut anwachsen, vor allem an heiklen Standorten, also dort, wo die Bodenverhältnisse ungünstig sind, es windig ist oder sonstige ungünstige Einflüsse herrschen.
Die Containerpflanze wird vor dem Pflanzen mitsamt dem Container so lange in ein Wasserbad getaucht, bis aus dem Wasser keine Luftblasen mehr aufsteigen, der Ballen sich also richtig voll gesaugt hat. Anschließend nimmt man die Pflanze heraus, lässt das Wasser abtropfen und entfernt den Container. Der Wurzelfilz am Ballen wird mit den Händen leicht aufgeraut, um junges Wurzelwachstum anzuregen. Dann wird der Baum oder Strauch wie ein Gehölz mit Ballen gepflanzt.

Himbeer- und Brombeerspaliere

Himbeerruten und Brombeerranken brauchen Halt. Deshalb pflanzt man sie am besten an einem Spalier. Dieses Spalier können wir in unterschiedlicher Form gestalten. Die einfachste Möglichkeit: am Beetanfang und Beetende einen Pfahl einschlagen, der etwa 130 cm hoch herausragt, und dazwischen zwei bis drei Drähte spannen, an denen die Himbeer- oder Brombeertriebe festgebunden werden.
Eine andere Spaliervariante: Schlagen Sie je einen Pfahl an den Enden des Beets ein und bringen Sie im Abstand von 40 cm an deren Rückseite 80 cm breite Querhölzer an. Deren Enden verbinden Sie jeweils mit einem Draht.

Den Boden vorbereiten

Alle Beerensträucher haben flache Wurzeln. Deshalb sollte der Boden nicht nur im Pflanzloch, sondern auf der gesamten Beetfläche gründlich vorbereitet werden. Lockern Sie die Erde spatenstichtief und arbeiten Sie reifen Kompost und Gesteinsmehl mit ein. Brombeer- und Tayberrysträucher pflanzt man am besten im Frühjahr, Himbeeren besser im Herbst.

Himbeeren richtig pflanzen

Die Himbeerwurzeln dürfen nicht austrocknen. Pflanzen Sie sie also sofort nach dem Wässern im Abstand von 50 cm wie zuvor bei den Johannisbeeren beschrieben. Wichtig ist, dass die in Bodennähe befindlichen Knospen mit Erde bedeckt sind. Nach dem Pflanzen schneidet man die Ruten auf eine Länge von 30 cm zurück.

Brombeeren, Weinreben und Kiwi

Brombeeren bilden lange, gebogene Ruten. Man setzt deshalb

Himbeerspalier: zwei Pfähle mit je zwei Querhölzern dienen als Halterungen für die Spanndrähte des Spaliers.

Zwischen den Drähten wachsen die Himbeerruten empor, die auch am Draht angebunden werden können.

nur wenige Einzelpflanzen, die ruhig einen Abstand von 3–4 m zueinander haben können. Die jungen Brombeersträucher werden nach dem Pflanzen nicht zurückgeschnitten. Erst die langen, später gewachsenen Triebe werden ausgelichtet, an den Spalierdrähten entlanggeführt und festgebunden.
Das Gleiche gilt auch für Tayberry, Japanische Weinbeere, Weinreben und Kiwi. Wein und Kiwi zieht man am besten an einer wärmeabstrahlenden, nach Süden ausgerichteten Hauswand empor.

Eine Hecke aus Containergehölzen ist eine kostspielige Angelegenheit. Allerdings bietet diese Wahl die beste Anwachsgarantie.

Hecken pflanzen

Auch Heckensträucher sind wurzelnackt am billigsten. Sie werden wie die Beerensträucher vorab gewässert, Wurzeln und Triebe geschnitten und in einen Graben gesetzt. Die Ausmaße des Grabens richten sich nach der Größe der Heckenpflanzen und dem Wurzelwerk. Zuerst wird die Sohle gelockert und der Aushub mit Kompost verbessert, dann werden je nach Art drei bis fünf Heckensträucher pro Meter in den Graben gestellt. Nun von beiden Seiten Erde einschaufeln, festtreten und wässern. Die Heckenpflanzen einer Schnitthecke kann man schon direkt nach dem Pflanzen möglichst kurz auf eine Höhe schneiden.

Bäume und Sträucher umpflanzen

Einen alten Baum verpflanzt man nicht, lautet ein altes Sprichwort. Dies hat dazu geführt, dass viele Gartenfreunde sich nicht trauen, größere Gehölze umzusetzen, weil sie befürchten, dass der Baum oder Strauch eingeht.
Andererseits sind Großbaumverpflanzungen, von Spezialfirmen mit großen Maschinen vorgenommen, heute aber durchaus keine Seltenheit mehr. Und es ist erstaunlich, was Bäume so alles vertragen und wie gut sie doch am neuen Standort wieder anwachsen.
Ob Sie ein großes Gehölz umpflanzen können oder nicht, das hängt größtenteils von Ihren Kräften oder den Möglichkeiten eines Maschineneinsatzes durch eine Spezialfirma ab – letztendlich ist es auch eine finanzielle Frage.

Vorbereitungen

Kleinere Bäume lassen sich unter Mithilfe mehrerer kräftiger Männer durchaus auch selber umpflanzen. Allerdings sollten Sie diese Aktion über einen längeren Zeitraum vorbereiten.
Stechen Sie zunächst einmal im Bereich der Kronentraufe einen Graben aus. Von dort tasten Sie sich dann vorsichtig mit dem

Spaten in Richtung Stamm vor. Es kommt beim Umpflanzen darauf an, einen möglichst kompakten Ballen mit vielen Wurzeln zu erhalten. Trotzdem muss der Baum natürlich noch zu transportieren sein. So gilt es in den meisten Fällen, einen Kompromiss zu finden.

Tasten Sie sich also in Richtung Stamm vor und stechen Sie dort, wo die Wurzeln reichlich verzweigt sind, den Ballen gleichmäßig rundum ab. Dann graben Sie an dieser Stelle tiefer und trennen auch waagerecht unter dem Ballen die Wurzeln durch. Oft kommt man nicht darum herum, starke Wurzeln mit der Astschere oder sogar mit dem Beil zu kappen.

Einen Baum verpflanzen:

1 So groß wie möglich, aber noch mit transportablem Volumen wird der Ballen des Baumes abgestochen.

2 Zum Transport sichert man den Wurzelballen mit zwei Lagen Ballentüchern.

3 Mit einer Maschine lässt sich ein großer Baum am leichtesten und schonendsten transportieren.

Hat der Ballen keine Wurzelverbindung mehr zum Boden, so füllen Sie den Graben mit Laub, Laubkompost, Kompost oder ähnlichem und halten den Ballen feucht.

In den folgenden Wochen und Monaten werden sich feine Haarwurzeln am Rand des Ballens bilden, die das Anwachsen des Baumes in der neuen Pflanzgrube erleichtern. Sie können den Baum nun im folgenden Herbst umpflanzen, sobald er seine Blätter verloren hat, oder besser noch, Sie warten bis zum Winter, bis der Ballen gänzlich vom Frost durchdrungen ist. Dann fällt er auch beim Transport zum neuen Pflanzloch nicht auseinander. Andernfalls muss der Ballen durch ein Ballentuch gesichert werden.

Umpflanzen mit Frostballen

Das Pflanzloch muss bereits vorher ausgehoben und der Aushub gründlich mit Kompost oder Rindenhumus vermischt werden, sodass man den Baum mit dem Frostballen nur noch hineinzustellen braucht. Der Aushub des Pflanzlochs sollte abgedeckt sein, damit man die Erde dann beim Pflanzen leicht hineinschaufeln kann. Anschließend wieder Antreten und Wässern – und auch ein großer Baum wächst garantiert wieder an. Um große Gehölze zu transportieren, benötigen Sie immer mindestens einen oder zwei kräftige Helfer.

Tipp !

Wenn Sie dicht über dem Wurzelhals einen Baumpfahl unter den Stamm schieben und den Baum damit von zwei Seiten hochheben, lässt sich selbst ein großes Gehölz von zwei Personen transportieren. Hinten trägt ein Dritter die Krone.

1

2

3

Gehölze schneiden

Beim Schneiden von Bäumen und Sträuchern wird hierzulande viel gesündigt. Meist sind Radikalschnitte oder so genannte Hausmeister-Rasierschnitte auf die falsche Wahl und zu dichtes Pflanzen der Gehölze zurückzuführen. Hinzu kommt die Unkenntnis vieler Gartenfreunde. Dabei ist Gehölzschnitt keineswegs ein Buch mit sieben Siegeln. Es gilt nur, einige Grundregeln einzuhalten.

Ohne »Kleiderhacken« zurückzulassen, werden Äste immer an ihrer Basis abgeschnitten. Die Schnittstelle sollte so klein wie möglich gehalten werden.

Fünf Grundregeln zum Gehölzschnitt

1. An der Basis schneiden

Schneiden Sie Triebe, Zweige, Äste immer an der Basis ab und lassen Sie keine Zapfen stehen. Die Zapfen trocknen entweder ein, werden von Rotpustelpilz befallen, oder sie treiben viele kleine Nebentriebe, was den Baum oder Strauch nicht gerade schöner macht. Stutzen Sie auch Triebe nicht einfach auf halbe Höhe. Dort, wo Sie sie abgeschnitten haben, treiben sie nämlich vermehrt aus und bilden hässliche »Besen«, die den Strauch schließlich unansehnlich machen.

2. Auslichten

Lichten Sie regelmäßig aus. Wenn sich Triebe aneinander scheuern, schneiden Sie den schwächeren ab und lassen den stärkeren stehen. Alles, was von nach außen wachsenden Haupttrieben ins Innere des Strauches wächst, wird herausgeschnitten, Blüten- und Früchte tragende Triebe ausgenommen.

3. Ballast abwerfen

Schneiden Sie dicke, schwere Äste in zwei Etappen ab: Zunächst wird der Ast etwa 10–20 cm vom Stamm entfernt bis zur Hälfte von unten eingesägt. Dann schneidet man weitere 10 cm vom Stamm entfernt von oben ein. Hat man die Hälfte erreicht, bricht der Ast an der unteren Schnittstelle ab. So ist zunächst einmal der

Ast absägen: Erst einige Zentimeter vom Stamm entfernt von unten, dann etwas näher am Stamm von oben einsägen.

Wenn auf diese Weise der Ballast abgeladen wurde, schneidet man den Stummel sauber am Stamm ab.

Mit der Hippe wird der Rand der Schnittstelle geglättet, damit sich die Wunde schnell schließt.

Durch die Hebelwirkung der langen Griffe kann man mit der Astschere mühelos auch dickere Äste entfernen.

Ballast abgeladen. Anschließend können Sie den Stummel am Stamm absägen. Dabei ist es wichtig, die **Schnittstelle so klein wie möglich** zu **halten**. Sie sollten weder einen Stummel stehen noch am Stamm eine lange Schnittstelle entstehen lassen. Schneiden Sie also auf dem kürzestmöglichen Weg, sodass nur ein kleiner Wulst stehen bleibt.

Nach neueren Erkenntnissen ist es besser, die Schnittstelle nicht mit Baumwachs oder dergleichen zu bestreichen, weil sich darunter Krankheitserreger einnisten können.

4. Das geeignete Werkzeug

Verwenden Sie die richtigen Werkzeuge: eine Baumsäge mit verstellbarem Sägeblatt, eine Astschere mit guter Übersetzung und/oder eine Gehölzschere mit zwei schneidenden Klingen, um jeweils einen sauberen Schnitt an der richtigen Stelle zu erzielen.

5. Der richtige Zeitpunkt

Beachten Sie den richtigen Zeitpunkt zum Schneiden. Dass Gehölze nur im Winter und zeitigen Frühjahr geschnitten werden dürfen, ist ein Märchen, das darauf beruht, dass Berufsgärtner zu dieser Jahreszeit nicht so viel anderes zu tun und deshalb Zeit zum Gehölzschnitt haben. Vielfach ist der Sommerschnitt wesentlich sinnvoller.

Bei **Ziergehölzen** lautet die Faustregel: nach der Blüte schneiden. Haben die Bäume und Sträucher aber auch Fruchtschmuck, so bietet sich doch der Schnitt im Nachwinter an. Manche Gehölze »bluten« stark, wenn man sie zur falschen Zeit schneidet. Dies ist zum Beispiel bei **Süßkirschen** der Fall, bei denen sich schon seit langem der Schnitt während oder kurz nach der Ernte durchgesetzt hat. Auch **Ahorn** blutet, wenn man ihn im Nachwinter oder Frühjahr schneidet. Bei ihm ist der Sommerschnitt ideal.

Frühlingsblüher schneiden

Einer der in unseren Gärten verbreitetsten Blütensträucher ist die Forsythie *(Forsythia* x *intermedia)*. Dieser herrlich gelb blühende Strauch wird meistens aus Unkenntnis grausam verstümmelt. Richtig geschnitten – und das gilt für alle Gehölze –, sieht man dem Strauch überhaupt nicht an, dass jemals ein Gärtner sich mit der Schere an ihm versucht hat, so schön locker ist er gewachsen. Verfolgen wir dazu einmal das Wachstum und die Entwicklung der Triebe bei einer Forsythie: Zunächst wachsen unverzweigte lange Triebe noch weich und grün aus der Basis des Strauchs. Sie sind nicht mit den Wasserschossen der Obstbäume zu verwechseln. Man sollte sie weder abschneiden noch einkürzen. Ratsam ist allenfalls, ein paar besonders schwache Neutriebe an der Basis herauszuschneiden. Im ersten Frühjahr nach dem Austrieb zeigen diese Triebe an ihren Stängelknoten bereits Blüten. Nach der Blüte bilden sich dort kleine Seitentriebe, die im zweiten Jahr abermals und reicher blühen. Auch diese Seitentriebe verzweigen sich noch einmal. Im dritten Frühjahr stehen diese reich garnierten Triebe in herrlicher Blüte. Aufgrund des Gewichts, das durch das Wachstum und die Zunahme der Seitentriebe und Blüten entstanden ist, neigen sich diese Triebe sehr stark zur Seite, bis fast auf den Boden. Bald nachdem die Blätter wachsen, treiben auf diesen nun im

Tipp !

Entgegen der Schnittregeln für Forsythien kann man auch diesen Strauch natürlich in Form einer Hecke oder eines Kugelbaumes schneiden. Diesen Schnitt führt man wie jeden Heckenschnitt am besten im August durch.

Wenn die Blüten der Forsythien zu welken beginnen, ist die beste Zeit für einen **Auslichtungsschnitt** gekommen.

Ein gut ausgelichteter Forsythienstrauch, der im nächsten Jahr umso üppiger blühen wird.

vierten Jahr stehenden Trieben neue einjährige Triebe senkrecht in die Höhe. Jetzt ist der richtige Zeitpunkt gekommen, diese vierjährigen Triebe so tief wie möglich an der Basis des Strauches herauszuschneiden, am besten mit einer Astschere. So kommt wieder Licht ins Innere des Strauches, aus dessen Basis wieder einjährige Triebe in die Höhe wachsen können. So geschnittene Forsythien bleiben immer locker, frühlingshaft und luftig und erfreuen uns jedes Frühjahr mit ihrer üppigen goldgelben Blüte.

Wer das Wachstum und den daraus resultierenden Schnitt der Forsythie einmal verstanden hat, wird auch ein Gefühl für andere Bäume und Sträucher bekommen – ein Gefühl auch dafür, ob man sie überhaupt schneiden sollte. Magnolien zum Beispiel würde man durch einen Schnitt nur verschandeln.

Sommerblüher

Sträucher, die im Sommer blühen, entwickeln ihre Blüte am einjährigen, genauer gesagt am diesjährigen Holz. Deshalb kann man sie nach der Blüte oder im zeitigen Frühjahr kräftig zurückschneiden. Dies trifft vor allem auf den Sommerflieder *(Buddleja davidii)* und die Rosenspiräe *(Spiraea*-Bumalda-Hybriden) zu. Diese Sträucher treiben im Frühjahr wieder kräftig aus und blühen im Sommer reichlich. Die meisten anderen Gehölze, zum Beispiel Kolkwitzien, Weigelien oder den beliebten Flieder *(Syringa vulgaris)*, lichtet man nach der Blüte aus, indem man den einen oder anderen alten Trieb an der Basis herausnimmt.

Obstbaumschnitt

Über das Schneiden von Obstbäumen wurden bereits viele Bücher geschrieben. Es gibt verschiedene Methoden mit unterschiedlichen Zielsetzungen, die diese Kunst dem noch unerfahrenen Gartenfreund wie ein Buch mit sieben Siegeln erscheinen lassen. Das ist es aber nicht. Zunächst einmal gelten auch beim Obstbaumschnitt die auf Seite 68 erwähnten Regeln: immer sauber an der Basis schneiden und regelmäßig zum richtigen Zeitpunkt auslichten.

Da manche Obstsorten bis spät in den Herbst hinein noch Früchte tragen, zum Beispiel Winteräpfel,

Ein Schmetterlingsstrauch kann im Frühjahr ganz zurückgeschnitten werden. Er treibt anschließend kräftig aus und blüht an den neu gebildeten Trieben.

Ein Spreizholz bringt die Seitentriebe in annähernd waagerechte Lage. Kleines Foto: Triebe werden etwas schräg über einem Auge (= Knospe) eingekürzt.

ist das Frühjahr vor dem Blattaustrieb ein durchaus sinnvoller Zeitpunkt zum Schneiden. Trotzdem können auch Apfel-, Birnen- und Pflaumenbäume im Sommer geschnitten werden. In der Regel nimmt man die starken Eingriffe im Nachwinter und die korrigierenden Maßnahmen im Sommer vor.

Die ideale Kronenform

Sieht man von besonderen Baumformen einmal ab, so bauen sich die meisten Obstbaumkronen in der Regel pyramidenförmig auf, mit jeweils drei Leitästen, die in zwei oder drei Etagen übereinander liegen. Diese Kronenform hat den Vorteil, dass das Sonnenlicht bis tief in ihr Inneres dringen kann und so auch dort Fruchtholz gebildet wird. Stellen Sie sich einige Meter von dem Obstbaum entfernt auf und formen Sie vor Ihren Augen mit Blick auf die Krone mit beiden Händen ein Dreieck. So sehen Sie, ob der Baum die ideale Kronenform hat oder nicht. Darauf müssen Sie zunächst einmal beim Pflanzschnitt achten.

Um den stammverlängernden Mitteltrieb zweigen gleichmäßig verteilt und möglichst waagerecht drei Leittriebe ab. Um die gewünschte Form zu erzielen, kürzen Sie die Triebe auf entsprechende Länge ein, indem Sie die Schere etwas schräg über einem »Auge« ansetzen. In den ersten Jahren kommt es lediglich darauf an, diese Form zu erhalten. Man erreicht das übrigens auch, indem die Seitentriebe durch Spreizhölzer oder angehängte Gewichte in die Waagerechte gebracht werden. Im Laufe der nächsten Jahre entwickeln sich am Mitteltrieb weitere Seitentriebe. Wählen Sie nun, im gebührenden Abstand zu den unteren Leitästen, wiederum drei kräftige Triebe aus, die gleichen Abstand zueinander haben und möglichst über den Lücken zwischen den unteren Leitästen liegen.

Überschaubarer Astaufbau

Um es für Anfänger zu erleichtern: Sie brauchen eigentlich nur darauf zu achten, dass dieses System eines überschaubaren Astaufbaus erhalten bleibt. An diesen Leitästen bilden sich Seitentriebe. Hier schneiden Sie alle senkrecht nach oben oder unten wachsenden Triebe heraus und lassen unter den waagerecht wachsenden die kräftigsten stehen, sodass zwischen ihnen genügend Abstand bleibt, um Licht hineinzulassen. Mit der Zeit bekommen Sie auch einen Blick fürs Fruchtholz. So bezeichnet man die kurzen Seitentriebe, an denen sich alsbald dicke Knospen entwickeln, die dann blühen und schließlich Früchte tragen.

Wasserschosse entfernen

Je nach Sorte und Art, vielleicht aber auch durch einen starken Rückschnitt des Baumes hervorgerufen, bringt ein Obstbaum im Lauf des Frühjahrs und Sommers mehr oder weniger viele stark wachsende senkrechte Triebe hervor, die so genannten Wasser-

Richtig auslichten: Nach innen und nach unten weisende sowie sich scheuernde Äste werden entfernt.

! *Tipp*

Wird Ihr Garten häufig von Wild heimgesucht, so lassen Sie die im Winter abgeschnittenen Triebe liegen. Die Tiere knabbern dann daran und nicht an den Bäumen.

schosse. Diese Triebe rauben dem Baum Kraft und Licht. Sie müssen also entfernt werden. Ist dieses Triebwachstum besonders stark, so empfiehlt es sich, einige davon bis zum nächsten Jahr stehen zu lassen, um den Saftdruck dort hineinzuleiten. Ansonsten schneidet man sie alle heraus.
Günstig zum Licht und im gehörigen Abstand zu anderen Fruchttrieben stehende Wasserschosse können aber auch zu Fruchthölzern umerzogen werden. Dazu schneidet man sie nicht an der Basis ab, sondern über dem ersten (Rosette) oder dritten Auge (Stummel). Achten Sie dabei darauf, dass das Auge nach außen weist. Diese Arbeiten führt man im Juni oder Juli durch.

Ableiten: Nach unten geneigte Astspitzen vergreisen mit der Zeit. Deshalb schneidet man sie unterhalb eines waagerecht wachsenden Seitentriebes ab.

Ableiten

Bei älteren Bäumen, vor allem Äpfeln, neigen sich die Leit- und die Seitentriebe mehr und mehr nach unten. Nach unten geneigte Triebe tragen aber nicht. Allerdings haben sich dann zumeist auch schon neue Triebe auf ihrer Oberseite gebildet, die leicht nach oben gebogen wachsen. Man schneidet in diesem Fall die nach unten geneigte Spitze des alten Triebes bis auf einen dieser jungen Triebe zurück und entfernt die anderen. Diese Methode nennt man Ableiten.

In aller Regel schneidet man Steinobst weniger stark als Kernobst. Kirschen werden grundsätzlich im Sommer nach der Ernte geschnitten, Pfirsichbäume während der Blüte.

Beerenobst schneiden

Ob Johannis-, Stachel-, Himoder Brombeeren – sie alle müssen regelmäßig geschnitten werden, damit sie immer wieder neues Fruchtholz bilden können.

Johannis- und Jostabeeren

Ideal sind Sträucher, die aus sieben bis zehn der Strauchbasis entspringenden Trieben bestehen. Allerdings müssen auch hier ein-, zwei- und dreijährige Triebe unterschieden werden. Die einjährigen, noch unverzweigten Triebe bringen noch keine Früchte hervor. Die zweijährigen haben bereits kurze Fruchttriebe angesetzt und tragen ein wenig, die dreijährigen sind die hauptsächlich tragenden Fruchttriebe. Bei Schwarzen Johannisbeeren können die Triebe auch noch ein viertes Jahr stehen bleiben. Danach vergreisen sie, wenn man sie nicht entfernt.
Die beste Zeit für den Johannisbeerschnitt liegt im Juli direkt nach der Ernte. Schneiden Sie die abgetragenen drei- bzw. vierjährigen Triebe heraus und lassen Sie von den einjährigen Trieben nur die kräftigsten stehen. Alle Triebe sollten möglichst frei stehen, sodass sie sich kaum oder gar nicht berühren.

Johannisbeertriebe, die älter als drei Jahre sind, schneidet man mit der Astschere an der Basis des Strauches heraus.

Stachelbeeren

Dasselbe gilt für Stachelbeeren, die man aus Gründen der leichteren Ernte am besten als Hochstämmchen pflanzt. Sofort nach der Ernte werden die Kronen gründlich ausgelichtet, wobei man jeweils die älteren Triebe ausschneidet und so viel von den anderen Trieben herausnimmt, dass sie sich nicht mehr berühren. Mit einem solchen Auslichtungsschnitt erreicht man lockere, luftige Kronen der Stachelbeer-Stämmchen, in denen Mehltau kaum eine Chance hat.

Himbeeren

Bei Himbeeren unterscheiden wir im Sommer und im Herbst tragende Sorten. Bei den Sommersorten schneidet man die abgetragenen Ruten nach der Ernte bis auf den Boden ab und lichtet die nachgewachsenen jungen Ruten so weit aus, dass pro Meter nur noch etwa fünf kräftige Triebe stehen bleiben. Bei den im Herbst tragenden Sorten werden im Nachwinter alle Triebe bis auf den Boden zurückgeschnitten.

Brombeeren

Brombeeren bilden lange Ranken mit ebenso starken Seitentrieben. Im Herbst nach der Ernte schneidet man nicht nur die abgetragenen Fruchttriebe, sondern auch die Seitentriebe so weit zurück, dass nur noch jeweils Stummel von ihnen übrig bleiben. Aus den Achseln bilden die Brombeersträucher anschließend junge Fruchttriebe.

Der richtige Rosenschnitt

Rosen richtig schneiden ist ebenfalls nicht schwer, leichter jedenfalls, als es auf den ersten Blick scheinen mag.

Wildrosen brauchen eigentlich gar nicht geschnitten zu werden. Natürlich sollten Sie trockenes Holz herausnehmen, und Sie können auch ein wenig auslichten, damit mehr Licht in den Strauch kommt und sich mehr Blüten und anschließend Hagebutten bilden.

Strauchrosen werden ebenfalls nur ausgelichtet. Hier schneidet man den einen oder anderen alten Ast heraus. Bleiben diese Rosen ein Jahr lang einmal ungeschnitten, ist es nicht weiter schlimm.

Ähnlich ist es bei **Kletterrosen**: Man nimmt hier und dort einen alten Trieb heraus, schafft ein bisschen Licht und Luft im Geflecht.

Einen gezielten, regelmäßigen Schnitt benötigen jedoch alle **Beetrosen**, also Teerosen, Floribunda- und Polyantharosen. Bei den zweimal blühenden Rosen schneidet man die abgeblühten Triebe um zwei bis drei Augen zurück. Ansonsten werden im Herbst lediglich die alten Blütenstände abgeknipst.

Der eigentliche Rosenschnitt wird im Frühjahr vorgenommen, wenn keine starken Fröste mehr zu erwarten sind. Alle im Winter vertrockneten sowie alle schwachen Triebe werden herausgeschnitten. Die verbleibenden Triebe kürzt man ein, und zwar

Keine Angst vor dem Rosenschnitt: Schwach wachsende Triebe regt man durch einen beherzten Rückschnitt dicht über dem Boden zu kräftigem Austrieb an.

bei stark wachsenden Rosen nur um zwei bis drei Augen, bei schwach wachsenden auch mehr. Scheuen Sie sich nicht, die Rosen bis handbreit über dem Boden zurückzuschneiden. Sie treiben bald wieder willig aus. Setzen Sie die Schere leicht schräg über einem Auge an, das nach außen weist. Damit regen Sie neuen Austrieb an, an dem die Rose schon einige Wochen später blüht.

Heckenschnitt

Gemeint ist hier der Formschnitt der Hecken. Dazu verwenden wir eine spezielle **Heckenschere**, bei kleineren Hecken von nur wenigen Metern Länge reicht eine Handschere aus, bei größeren

Hecken ist eine elektrisch betriebene Schere von Vorteil.
Wenn Sie Wert auf eine gerade Hecke legen, so spannen Sie eine Schnur in der gewünschten Schnitthöhe. Über dieser Schnur setzen Sie die Heckenschere waagerecht an und schneiden die Triebe dicht darüber ab. Anschließend werden die Seiten geschnitten, und zwar immer so, dass die Hecke am Fuß etwas breiter ist als am Kopf. Auf diese Weise dringt mehr Licht ins Innere der Hecke, sodass sie sich dichter verzweigt.
Wünschen Sie eine dichte, undurchsichtige Hecke, müssen Sie viel Geduld aufbringen. Halten Sie eine frisch gepflanzte Hecke so kurz wie möglich und lassen Sie sie Jahr für Jahr nur immer wenig höher wachsen.

Heckenschnitt: Im August geschnitten, ist der Austrieb der Hecke nur noch gering, und für brütende Vögel besteht beim Schneiden keine Gefahr mehr.

Der beste Zeitpunkt für den Heckenschnitt ist der August. Dann nämlich haben die Vögel, die eventuell in der Hecke genistet haben, ihre Nester verlassen, und der Austrieb ist nicht mehr so stark.
Wollen Sie eine **alte Hecke verjüngen**, so können Sie dies ebenfalls im August oder September oder im sehr zeitigen Frühjahr vor dem Austrieb tun. In diesem Fall werden nicht nur die dünnen Seitentriebe gekürzt, sondern vor allem die oft stammartigen Mitteltriebe mit der Astschere oder Säge kräftig zurückgeschnitten. Wichtig bei Immergrünen, vor allem auch den Nadelgehölzen: Schneiden Sie die Hecke nur so weit zurück, wie noch grüne Seitentriebe vorhanden sind. Wo sie bereits verkahlt ist, treibt sie nicht mehr aus. Einzige Ausnahme: die Eibe. Sie verträgt einen kräftigen Schnitt und treibt auch aus verkahltem Holz wieder willig aus.

Winterliche Gehölzpflege

Bäume und Sträucher benötigen außer dem Schnitt eigentlich wenig Pflege, wenn sie erst einmal angewachsen sind. Lediglich Obstbäume und Rosen verlangen etwas mehr Aufmerksamkeit, ebenso Rhododendren und anderen Immergrüne.

Wasser ist wichtig

Besonders gefährdet sind diese Gehölze im Winter, jedoch nicht,

Rhododendren verdanken ihr sattgrünes Blattkleid einem gleichmäßig feuchten Boden.

weil sie keinen Frost vertragen könnten, sondern weil sie dann leicht vertrocknen. Dies gilt vor allem für Rhododendren, die ihre Wurzeln ja nur flach unter der Oberfläche ausbreiten. Sie müssen sich, solange der Boden noch nicht gefroren ist, reichlich mit Feuchtigkeit versorgen können. Deshalb ist es ratsam, sie im Spätherbst oder in milden Perioden des Winters sanft, aber gründlich zu wässern. Der Boden unter Rhododendren muss immer bedeckt sein. Am besten ist eine dicke Laubschicht, die dann im nächsten Jahr allmählich verrottet. Sie hält nicht nur die Erde feucht, sondern schützt auch eine Zeit lang vor Frost, sodass sich die Rhododendren über ihre Wurzeln noch lange versorgen können.

Sonnenschutz für Rosen

Auch Rosen leiden mit ihren grünen Trieben unter der winterlichen Sonne. Bei tief gefrorenem Boden können ihre Triebe vertrocknen, oder in ihnen wird durch die zunehmend stärkere Wintersonne der Saftstrom angeregt und die Zellen dehnen sich. In der darauf folgenden Nacht werden sie dann vom Frost zerstört.

Häufeln Sie die Rosen deshalb vor Beginn des Winters an und legen Sie Fichtenreisig bereit. Abgedeckt werden die Rosen ganz locker, und zwar erst im Januar

Locker in Fichtenreisig eingepackt, ist die Krone des Rosenstämmchens vor der Wintersonne geschützt.

oder Februar, wenn die stärksten Fröste zu erwarten sind und die Sonne bereits wärmer und länger scheint.

Frostrisse

Unter Frost in Verbindung mit Wintersonne können auch Obstbäume, insbesondere Steinobstbäume, leiden. Die Sonne erwärmt den Stamm von Süden, sodass sich die Rinde an der Vorderseite dehnt. In der Nacht zieht sie sich infolge Frost aber an der Nordseite umso stärker zusammen, sodass die Rinde reißt.

Zum Schutz vor diesen Frostrissen streicht man die Stämme im Februar mit einer Kalk- oder Lehmschlämme an, die die starke Erwärmung der Rinde verhindert. Bei älteren Bäumen kratzen Sie mit einem Rindenreiniger die rauen Bestandteile der Rinde vorher ab und streichen den Stamm danach an. Dies hat zudem die positive Nebenwirkung, dass so mancher dort überwinternde Schädling unter dem Anstrich erstickt wird.

Auf einen Blick

- Achten Sie beim Einkauf von Gehölzen auf das Vorhandensein von drei kräftigen Trieben und reich verzweigtes Wurzelwerk.
- Beim Pflanzen auf die Größe der Pflanzlöcher achten und anschließend gründlich wässern.
- Große Bäume brauchen einen Baumpfahl.
- Johannisbeeren werden etwas tiefer gepflanzt, Himbeeren und Brombeeren am Spalier gezogen.
- Große Bäume und Sträucher am besten mit Frostballen umpflanzen.
- Wer an der Basis schneidet und auslichtet, kann beim Gehölzschnitt nichts falsch machen.
- Am Wachstum und Schnitt der Forsythie kann man auch für andere Gehölze lernen.
- Beim Obstbaumschnitt kommt es auf eine lichte Krone an.
- Kletter- und Strauchrosen nur auslichten, bei Beetrosen im Herbst nur die alten Blütenstände entfernen und die Pflanze im Frühjahr auf zwei bis drei Augen zurückschneiden.
- Hecken erhalten am besten einen konischen Querschnitt.
- Unansehnliche Gehölze lassen sich verjüngen, indem man sie »auf den Stock setzt«.

Stauden pflanzen und pflegen

Im Gegensatz zu Gehölzen bleibt der oberirdische Teil der Stauden krautig, er verholzt nicht und hat auch keinen jährlichen Zuwachs. Nach der Blüte bleiben Stängel und Blätter je nach Art noch für einen gewissen Zeitraum bestehen, ziehen dann allmählich ein und werden gelb und braun, bis nur noch das trockene Kraut zu erkennen ist. Anders als einjährige Pflanzen lebt die Staude aber im Boden in ihrem Wurzelgeflecht weiter und treibt im nächsten Jahr aufs Neue wieder aus. Übrigens: Auch **Zwiebel- und Knollenpflanzen** sowie **Gräser** und **Farne** gehören zu den Stauden.

Unter guten Standort- und Wachstumsbedingungen entwickelt sich die Staude von Jahr zu Jahr schöner und kräftiger. Manche Arten fangen an zu wuchern, sodass man sie nach einigen Jahren aufnehmen, teilen und neu pflanzen muss; andere sterben nach einigen Jahren wieder ab.

Stauden pflanzen

Die meisten Stauden werden im Container herangezogen und verkauft. Das garantiert ein gutes Anwachsen, vorausgesetzt, die Qualität der Stauden entspricht den Anforderungen. Topfen Sie eine **Containerstaude** aus, so muss das Wurzelwerk den Ballen möglichst gleichmäßig durchziehen, der Ballen darf nicht zerfallen und muss sich leicht aus dem Topf lösen lassen. Nehmen die Wurzeln den Ballen derart ein, dass kaum noch Erde darin zu sehen ist, und sind sie aus den Abzugslöchern am Boden derart herausgewachsen, dass man den Topf nicht mehr lösen kann, ohne die Wurzeln zu beschädigen, so handelt es sich um eine so genannte überständige Pflanze. Solche Stauden haben zu lange in dem zu klein gewordenen Container gestanden und wachsen nur noch schwer an. Die Wurzeln sollten weiß bis cremefarben sein, braune Wurzeln deuten auf Fäulnis hin.

Containerpflanzen kann man in voller Blüte kaufen und pflanzen. Das erleichtert in gewisser Weise die Auswahl. Lassen Sie sich jedoch nicht vom Blatt- und Blütenreichtum leiten. Er ist keineswegs ein Qualitätsmerkmal. Diese Stauden können ebenso gut im Gewächshaus unter Mineraldüngergaben hochgepuscht worden sein. Über die Qualität gibt allein der Wurzelballen Auskunft.

Das Staudenbeet vorbereiten

Eine Staudenrabatte soll im Laufe der Jahre zu einer naturnahen Gemeinschaft zusammenwachsen. Das heißt, man pflanzt nicht zu dicht, sondern so, dass die Pflanzung in ungefähr drei Jahren zusammengewachsen ist. Einmal gepflanzt, sollen sich die Stauden aber auch möglichst frei entfalten können. Die Eingriffe mit der Hacke sollen mit den Jahren immer weniger werden, zusätzliche Düngungen möglichst nicht stattfinden, ausgenommen Kompostgaben. Deshalb muss der Boden vor dem Bepflanzen einer Staudenrabatte besonders sorgfältig vorbereitet werden.

Mit dem Container wird die Staude ins Wasser getaucht, bis sich der Topfballen gänzlich voll gesaugt hat.

Tipp

Ziehen Sie auf der Beetfläche als Orientierungshilfe mit dem Rechenstiel ein Raster mit Quadraten von einem Meter Seitenlänge. Das erleichtert das Auslegen der Stauden im richtigen Abstand.

Den Boden bereiten

Wie auf Seite 11 beschrieben, wird er tief gelockert, und Unkrautwurzeln müssen so gut es geht herausgelesen werden. Wenn Sie langfristig geplant haben und Zeit und Geduld mitbringen, so säen Sie zunächst einmal eine Gründüngung aus (siehe Seite 34), bauen Kartoffeln an oder decken die gelockerte Rabatte mit einer Mulchschicht ab.

Vor dem Pflanzen streuen Sie gleichmäßig reifen Kompost, Hornspäne und Gesteinsmehl oder Tonmineralpulver über den Boden und arbeiten das alles in die obere Schicht ein. Mit dem Vierzahn ziehen Sie die Fläche anschließend glatt – sie muss nicht so feinkrümelig wie eine Aussaatfläche sein. Ist die Rabatte größer oder hat sie eine unregelmäßige Form, fällt die gleichmäßige Bepflanzung, bei der auch der Ausdehnungsdrang mancher Stauden berücksichtigt werden muss, nicht immer leicht.

Wässern und auslegen

Stellen Sie Stauden mit dem Container in eine Wanne Wasser, bis sich die Ballen richtig voll gesaugt haben. Anschließend nimmt man sie heraus, lässt das Wasser abtropfen, topft sie aus und legt sie so auf der Rabatte aus, wie sie gepflanzt werden. Am besten gehen Sie dabei nach den Wuchsgrößen der Stauden vor: zuerst die großen Stauden, von denen nur einzelne Exemplare oder kleine Gruppen gepflanzt werden, dann die mittelgroßen in etwas größeren Gruppen und zum Schluss die kleinen bodendeckenden Stauden. Auf diese Weise erhalten Sie einen Überblick über die Verteilung der Stauden auf der Rabatte und können noch korrigieren, hin und her rücken, bis Ihnen die Pflanzung ausgewogen und harmonisch erscheint. Dann beginnen Sie mit dem Pflanzen.

Die Stauden werden zunächst so auf der Pflanzfläche ausgelegt, wie sie anschließend gepflanzt werden sollen. Dadurch sind noch Korrekturen an der Anordnung möglich.

Pflanzen einsetzen

Da ja die gesamte Fläche sorgfältig vorbereitet wurde, muss nun nicht jedes einzelne Pflanzloch verbessert werden. Man sticht also mit der Pflanzschaufel in den lockeren Boden und zieht die Erde zurück, sodass ein Loch entsteht, das groß genug für den Ballen ist. Dann wird die Staude eingesetzt und die Erde einmal rundum angescharrt. Zuletzt die Erde noch einmal kräftig mit beiden Händen andrücken.

Stauden mit sehr großen Ballen können mit dem Spaten gepflanzt werden. Pflanzen Sie möglichst vom Rand her, sodass Sie die gelockerte Beetfläche nicht betreten müssen.

Stauden pflanzen: Zunächst nimmt man den Ballen aus dem Container. Dieser Ballen ist übrigens schlecht durchwurzelt.

Mit der Pflanzschaufel wird das Pflanzloch von vorn nach hinten gezogen, sodass der Ballen reichlich Platz hat.

Dann setzt man die Staude mit ihrem Ballen ein. Die Erde wird von allen Seiten angescharrt und angedrückt.

Angießen und mulchen

Lässt es sich aufgrund der Flächengröße nicht vermeiden, dann treten Sie an möglichst wenigen Stellen in die Erde, von denen aus Sie viele Pflanzen einsetzen können. Danach lockern Sie die festgetretenen Stellen wieder mit dem Sauzahn. Sind alle Pflanzen gesetzt, so gießen Sie jede einzelne Staude ohne Brause aus Gießkanne oder Schlauch an, sodass die Wurzeln ganz von Erde umschlossen werden. Anschließend setzen Sie die Brause auf Gießkanne oder Schlauch und regnen die gesamte Rabatte sanft ein. Zwischen den Stauden können Sie die Erde mulchen, ganz dünn mit Grasschnitt oder Kompost. Meiden Sie bei Stauden jedoch Rindenmulch! Er entzieht dem Boden Stickstoff, den sie zum Wachsen benötigen.

Unkrautkontrolle und Kompostgaben

Eine gut vorbereitete frisch bepflanzte Staudenfläche braucht wenig Pflege. Unkrautsämlinge hacken Sie bei trockenem Wetter einfach ab, Wurzelunkräuter lassen sich in der Anfangsphase leicht herausziehen, vorausgesetzt, Sie warten nicht zu lange und lassen sie gar nicht erst aufkommen. Ideal ist es, wenn Sie auch weitgehend auf das Lockern und Hacken zwischen den Stauden verzichten können. Dies hängt jedoch von der Bodenart ab. Verdichtet sich der Boden wieder schnell, so bleibt Ihnen in den ersten zwei Jahren das Lockern mit dem Sauzahn nicht aus. Decken Sie die freien Flächen aber jeden Herbst oder jedes Frühjahr immer wieder mit Kompost ab.

Jede Staude wird nach dem Pflanzen ohne Brause gründlich eingeschlämmt. Anschließend wird das gesamte Beet einmal überbraust.

Stauden mit Sonderwünschen

Einige Stauden benötigen eine besondere Behandlung:

Iris werden nach der Blüte im Juli aufgenommen und geteilt. Da sie sich von innen, aus dem »Herz« des Rhizoms heraus, nach außen verjüngen, verkahlt und veraltet ihr Inneres nach etwa sechs bis acht Jahren. Dann nimmt man sie nach der Blüte auf und schneidet die Teilstücke mit einem kräftigen Wurzelstück an den Enden des Rhizoms mit einem scharfen Messer ab, streicht die Schnittstellen zur Desinfektion vor Krankheitserregern mit Holzkohlenpuder ein und pflanzt sie neu. Iris werden kreisförmig in kleinen Gruppen von drei oder sieben Teilstücken auf einen kleinen Hügel 5–7 cm hoch gepflanzt, indem man ihre Wurzelstöcke flach auf den Boden legt und nur ganz dünn mit Erde bedeckt.

Pfingstrosen werden im September gepflanzt. Für sie sollte der Boden besonders tiefgründig, etwa 50 cm tief, gelockert und mit Kompost angereichert werden. Wichtig: Die Stauden dürfen nur dünn mit Erde bedeckt werden. Zu tief gepflanzte Pfingstrosen blühen nicht.

Steppenkerzen *(Eremurus)* werden im Sommer gepflanzt, und zwar 15–20 cm tief. Steppenkerzen vertragen keine Staunässe, sondern brauchen eine gute Dränage unter den Wurzeln. Bringen Sie deshalb in 20–30 cm Tiefe eine Schotterschicht ein, die Sie dann mit einer 5 cm dicken Lage Sand abddecken. Darauf werden die Wurzeln der Steppenkerzen sternförmig ausgebreitet.

Iris teilen und pflanzen:

1 Die jungen Triebenden aus alten Irishorsten eignen sich am besten zum Neupflanzen. Die Rhizome werden sauber abgeschnitten.

2 Die Teilstücke pflanzt man auf einen kleinen Erdwall und breitet die Wurzeln leicht nach unten aus.

3 Am schönsten ist eine Pflanzung in kleinen Gruppen. Die Rhizome dürfen nach dem Pflanzen nur dünn mit Erde bedeckt werden.

Sumpf- und Wasserstauden

Die Pflanzen unseres Gartenteichs sind ebenfalls Stauden, die sich von den anderen Stauden in erster Linie durch ihren Standort im Wasser unterscheiden. Wasserpflanzen können Sie mit nur ein wenig magerer, mineralischer Erde um ihren Ballen und mit ein paar Kieselsteinen beschwert auf den Boden des noch ungefüllten Teiches pflanzen oder in Körbe setzen, die dann auf den jeweils geeigneten Platz gestellt werden. Die Entscheidung hängt von den Pflanzen selber und ihrem Ausdehnungsdrang sowie von dem Zeitpunkt ab, zu dem Sie die Pflanzen in den Teich setzen.

Unterwasserpflanzen werden einfach auf den Teichboden gelegt und mit Steinen beschwert. Im Handel gibt es spezielle Pflanzkörbe für Wasserpflanzen aus Kunststoff oder Kokosfaser. Sie können mit einer speziellen Was-

serpflanzenerde oder mit nährstoffarmem Unterboden gefüllt werden. Bei größeren Teichen ist auch das **Pflanzen in Weidenkörbe** üblich. In die Körbe wird je eine Pflanze gesetzt und anschließend die Erde an der Oberfläche mit Kieselsteinen bedeckt, damit sie im Wasser nicht aufschwimmt. Empfehlenswert ist das Pflanzen in Körbe insbesondere bei Wasserpflanzen mit sehr starkem Wurzelwerk wie Seerosen, Teichrosen, Rohrkolben oder Kalmus. Praktisch ist diese Methode auch, wenn die Pflanzen in einen bereits mit Wasser gefüllten Teich gesetzt werden. Man kann mit ihnen barfuß oder mit Gummistiefeln ins Wasser hineinwaten oder eine starke Bohle oder eine lange Leiter über den Teich legen und von dieser aus die Körbe mit Hilfe von zwei Eisenhaken ins Wasser senken. Wer seinen Teich mit Regenwasser füllt, sollte diesen Weg wählen, denn das Regenwasser muss ja im Teich gesammelt werden, bevor die Pflanzen eingesetzt werden können.

Seerosen werden zweckmäßigerweise in Pflanzkörbe gesetzt. Dort haben sie etwas Erdvolumen, aber auch ihr Ausdehnungsdrang ist eingedämmt.

Die Staudenrabatte

Die Kunst bei der Gestaltung einer Staudenrabatte besteht darin, die Pflanzenarten so miteinander zu arrangieren, dass die Rabatte vom zeitigen Frühjahr bis zum späten Herbst ein harmonisches, naturnahes Bild abgibt und sogar in den Wintermonaten noch den einen oder anderen Blickfang bietet. Dabei kommt es nicht allein darauf an, dass immer etwas blüht, sondern auch auf das **Zusammenspiel von Blattformen und -farben** sowie dem abgestorbenen Staudenkraut im Winter, wenn es mit Raureif besetzt oder von Schnee bedeckt ist. Hierzu sind im Prinzip gute Kenntnisse erforderlich, doch gibt es ein einfaches System, an das Sie sich halten können:

Der richtige Aufbau

Wählen Sie zunächst einige besonders kräftig und hoch wachsende Stauden aus, die entweder einzeln oder in kleinen Gruppen von drei bis sieben Exemplaren, je nach Größe der Rabatte, platziert werden. Anschließend suchen Sie mittelgroße Stauden aus, die in Blütezeitpunkt und Farbe oder in Blattfärbung und Habitus zu den großen, prächtigen Exemplaren passen. Die restliche Fläche der Rabatte füllen Sie mit bodendeckenden Stauden aus.

Achten Sie bei der Auswahl darauf, dass Sie nicht nur Stauden auswählen, die zu einer bestimmten Jahreszeit blühen. Genau genommen müssen Sie das beschriebene System in dreifacher

Tipp

Mauerblümchen

Bei den Stauden, die in Steingärten und Trockenmauern gedeihen, handelt es sich meist um Polsterstauden, die mit einem geringen Erdvolumen auskommen. Beim Aufschichten einer Trockenmauer achte man auf einige etwas breitere senkrechte Fugen zum Bepflanzen.

Form umsetzen, nämlich für das Frühjahr, den Sommer und den Herbst. Planen Sie aber Ihre Rabatte zunächst nach dem Blütezeitpunkt von Ende Mai bis Mitte Juli. Dann fügen Sie einige im Frühling, etwa von Mitte März bis Anfang Mai, blühende Stauden hinzu und ordnen diesen im Frühling blühende Blumenzwiebeln zu. Schließlich wählen Sie noch einige Stauden aus, die den Zeitraum August bis November abdecken. Achten Sie dabei auch auf schöne Farbeffekte, so zum Beispiel der Herzblattlilien (auch Funkien genannt), botanisch *Hosta*, oder der Bergenien, die im Frühjahr blühen und deren Blätter sich im Winter wunderbar rot färben, und beziehen Sie darüber hinaus Gräser ein, deren trockene Halme auch den winterlichen Garten zieren.

Im Frühjahr blühende Stauden werden in der Rabatte immer weiter nach hinten gesetzt, im Sommer und Herbst blühende in den Vordergrund. Sie verdecken dann die einziehenden Blätter der Frühlingsstauden.

Dies alles klingt recht kompliziert, und eine gelungene Staudenrabatte anzulegen, ist sicher nicht einfach. Sie müssen sich gut über die Stauden informieren und dabei vor allem auch die Boden- und Lichtverhältnisse berücksichtigen. Lassen Sie sich im Zweifelsfall von einer Staudengärtnerei beraten, bei der Sie dann auch Ihre Pflanzen kaufen.

Diese Staudenpflanzung steht zwar noch in schönster Blüte, aber bald werden stark wachsende Stauden die Schwächeren überwuchert haben, wenn der Gärtner nicht eingreift und die Pflanzen teilt.

Weitere Pflege der Rabatte

In der Regel wachsen die Stauden auf einer Rabatte im dritten Jahr richtig zusammen, und die Pflanzung erlebt ihren ersten Höhepunkt. Auch im vierten und fünften Jahr ist sie noch schön. Vom sechsten Jahr an aber beginnen meist besonders starkwüchsige Stauden schwächere zu verdrängen, manche kurzlebigen Pflanzen drohen ganz zu verschwinden, und andere Stauden brauchen eine Verjüngung, um wieder zur Blüte zu kommen.

Stauden teilen und neu pflanzen

Um wieder Harmonie in Ihrer Rabatte herzustellen, müssen Sie die Stauden aufnehmen, also mit dem gesamten Wurzelballen ausgraben, teilen und neu pflanzen. Nicht immer ist es nötig, die gesamte Rabatte neu zu gestalten. Manchmal reicht es auch, nur bestimmte Wucherer zu reduzieren oder einige kurzlebige Pflanzen zu ersetzen. Es hängt von der Situation Ihrer Rabatte ab, inwieweit Sie eingreifen. Eine Regel gibt es dafür nicht. Am besten nehmen Sie einen solchen Eingriff im Herbst vor, wenn der Blütenhöhepunkt vorüber ist, vor allem dann, wenn Sie in der Ra-

Mit Grabegabel, Spaten oder Messer lassen sich die Stauden leicht teilen. Pflanzen Sie am besten nur die jungen Teilstücke wieder ein.

Tipp

Die Teilung ist auch die einfachste und sicherste Methode, Stauden selbst zu vermehren. Von sehr stark wachsenden Stauden, die schnell ein ausuferndes Wurzelgeflecht bilden, brauchen Sie also jeweils nur ein Exemplar zu kaufen. Nach ein bis zwei Jahren können Sie es teilen und gewinnen auf diese Weise viele Pflanzen.

batte einige Blumenzwiebeln gepflanzt haben.
Stechen Sie die Stauden mit ihrem Wurzelwerk rundum ab und legen Sie sie auf einer glatten Fläche mit fester Unterlage außerhalb der Rabatte ab. Anschließend teilen Sie die Placken mit dem Spaten in mehrere Teilstücke. Wählen Sie zur Neupflanzung die jeweils jüngsten Stücke aus. Sie sollten nicht allzu groß sein; besser, sie entwickeln sich in der Staudenrabatte weiter.
Nehmen Sie auch gleich die Gelegenheit wahr, das Wurzelgeflecht von Unkräutern zu befreien, die dort hineingewachsen sind. Allzu sehr von Wurzelunkräutern durchwachsene Brocken sollen Sie nicht neu pflanzen. In solchen Fällen empfiehlt es sich, ein Teilstück mit Wurzeln zu pflanzen, das keinen Ballen mehr hat, an dem sich aber garantiert auch keine Unkrautwurzeln mehr befinden. Die Pflanzstellen werden ebenfalls von allen alten Wurzeln befreit und mit reifem Kompost sowie Hornspänen und Gesteinsmehl angereichert. Anschließend können Sie die Teilstücke wieder neu pflanzen.

Stauden pflegen

Geben Sie einer Staudenrabatte die Chance, sich möglichst ungestört selber zu entwickeln. Das heißt, der Boden wird mit dem Sauzahn nur in den ersten Jahren behutsam gelockert. Wenn sich dann die Pflanzendecke schließt, wächst auch kaum noch Unkraut. Bis dahin müssen Sie allerdings sorgfältig jäten. Unkraut, vor allem Wurzelunkräuter, die sich einmal im Wurzelgeflecht der Stauden eingenistet haben, sind nicht mehr herauszubekommen, ohne dass Sie die ganze Pflanze herausnehmen.
Bringen Sie auch immer wieder Kompost aus. Ausgenommen von dieser Regel sind allerdings ausgesprochene Wildstauden sowie Stauden, deren natürliche Standorte auf absolut mageren Böden liegen. Bei alpinen Gewächsen empfiehlt es sich, die Oberfläche von Zeit zu Zeit mit einer dünnen Schicht Gesteinssplitt abzustreuen. Auf diese Weise wer-

Ein beherzter Rückschnitt nach der ersten Blüte bis dicht über den Boden regt den Rittersporn zum zweiten Blühen an.

den konkurrierende Wildkräuter unterdrückt, und die meistens polsterartig wachsenden Stauden bestocken sich in dem Splitt, wie sie ihn auch an ihren natürlichen Standorten im Gebirge vorfinden.

Schneiden oder nicht?

Auch bei vielen Stauden lautet die Frage: schneiden oder nicht schneiden? Grundsätzlich braucht jede Staude nach der Blüte die in den Blättern eingelagerten Nährstoffe, die sich allmählich in den unterirdischen Teil, den Wurzelstock, zurückziehen. Deshalb sollte man nach der Blüte, wenn überhaupt, nur den welken Blütenstand entfernen.

Einige Stauden wie zum Beispiel Rittersporn, Bunte Frühlingsmargerite, Feinstrahl, Lupine, Katzenminze und Salbei blühen aber ein zweites Mal, wenn man sie nach der ersten Blüte bis etwa handbreit über dem Boden zurückschneidet. Damit sollten Sie nicht lange zögern, um sich an einer zweiten Blüte im September erfreuen zu können.

Schöne Herbst- und Wintergestalten

Wieder andere Stauden sind auch noch attraktiv, wenn ihr Kraut, die alten Blüten- und Samenstände längst abgestorben sind. Im Herbst zeigen sie eine schöne Braunfärbung, zu Beginn des Winters werden sie mit Raureif bedeckt und später im Winter mit Schnee. Dazu zählen vor allem Gräser. Vom naturschützerischen Standpunkt ist zudem zu bedenken, dass so manche Insektenlarve in den hohlen Stängeln den Winter überdauert. Auch deshalb sollte nicht alles abgeschnitten werden. Ein kahles Winterbeet sieht nämlich ganz bestimmt nicht schöner aus als eine Rabatte mit trockenem Staudenkraut. Es liegt also auch in Ihrem Ermessen, ob Sie einen rigorosen Herbstputz veranstalten und Ordnungsfanatiker spielen oder das trockene, mitunter höchst dekorative Staudenkraut erst im Frühjahr zurückschneiden, um den Frühlingsblumen Platz zu machen.

Winterschutz

Eine Staudenrabatte muss im Normalfall im Winter nicht mit Reisig abgedeckt werden. Die meisten unserer Stauden sind so robust, dass sie auch die strengsten Winter überdauern, Wildstauden allemal.

Allerdings gibt es einige Arten, die sehr wohl etwas empfindlich sind. Dazu zählen zum Beispiel Mammutblatt *(Gunnera)*, das man am besten mit einer Laubschüttung abdeckt, über die dann noch

Dekorative trockene Stauden- und Gräsergestalten sollte man erst im Frühjahr abschneiden, wenn sie unansehnlich geworden sind.

Pampasgras braucht Winterschutz. Deshalb bindet man die äußeren Blätter zu einem Schopf zusammen, der das »Herz« des Grases schützt.

eine große Kiste gestülpt wird, damit der Wind nicht das Laub davonweht. Haben Sie Pampasgras oder Fackellilien *(Kniphofia)* im Garten, binden Sie die Blätter in der Mitte zusammen; so ist das »Herz« der Pflanze vor Frost geschützt.

Zwischen manchen immergrünen bodendeckenden Pflanzen wie zum Beispiel Ysander, Immergrün oder Efeu können Sie das Laub liegen lassen. Diese haben nämlich regelrecht »Laub schluckende« Eigenschaften. Das heißt, das Herbstlaub verschwindet und verrottet unter ihren Blättern.

Blumenzwiebeln und Knollen

Auch alle Blumen, die aus Zwiebeln und Knollen wachsen, gehören streng botanisch genommen zu den Stauden. Sie bringen zu gegebener Zeit, meistens im Frühjahr, Blüten und Blätter hervor und ziehen ihr Laub nach der Blüte wieder in ihre unterirdischen Speicherorgane ein.

Botanisch gesehen ist die **Zwiebel** ein gestauchter Spross, der nach einer Ruhephase einen Stängel an die Oberfläche treibt, welcher wiederum Blätter und Blüten entfaltet. Eine **Knolle** ist dagegen ein Speicherorgan, mit ruhenden Knospen (Augen), aus denen sie dann austreibt, Blattwerk entwickelt und schließlich zur Blüte kommt. Beiden gemeinsam ist, dass sie sich nach der Blüte unterirdisch durch Tochterzwiebeln oder -knollen vermehren. Bei vielen Zwiebelblumen, vor allem bei hochgezüchteten Sorten, führt das dazu, dass sich zwar mehr Blumen entwickeln, diese jedoch immer kleiner werden.

Zwiebeln und Knollen setzen

Voraussetzung für gutes Gedeihen ist ein Boden, der wie auf Seite 12 beschrieben sorgfältig vorbereitet wurde. Bei Zwiebelgewächsen gilt die Faustregel:

Pflanztiefe = doppelte Höhe der Zwiebel

Ist also eine Tulpenzwiebel 5 cm hoch, so wird sie 10 cm tief gepflanzt. Bei Zwiebeln schadet es aber nicht, wenn man sie noch ein wenig tiefer setzt. Dies hat vielmehr den Vorteil, dass man sie bei einer späteren Bodenlockerung nicht versehentlich an die Oberfläche befördert.

Verteilen Sie die Zwiebeln in lockeren Gruppen auf dem Staudenbeet, in Form und Farbe abgestimmt auf die frühlingsblühenden Stauden.

Die Zwiebeln dürfen keinen Hohlraum unter sich haben, sondern müssen mit ihrer Basis satt auf

Gesunde Blumenzwiebeln haben eine unbeschädigte Schale und weisen keinerlei Schimmelstellen auf.

Tipp

Von den kleinen Blumenzwiebeln, die einen teppichartigen, flächigen Flor bilden sollen, nimmt man so viele, wie in zwei aneinander gelegte hohle Hände passen und wirft sie in die Höhe. So wie die Zwiebeln auf das Beet fallen, werden sie gepflanzt.

der Sohle des Pflanzlochs liegen, damit die Wurzeln sofort Fuß fassen können. Hohl liegende Zwiebeln können im Boden leicht faulen. Deshalb ist ein spitz zulaufendes Pflanzholz das falsche Gerät, um Blumenzwiebeln zu pflanzen. Mit einer **Pflanzschaufel** dagegen lässt sich ein geeignetes Pflanzloch ausheben. Man sticht sie in den Boden und zieht sie nach hinten. Die Sohle wird gegebenenfalls etwas geglättet, damit die Zwiebel satt aufliegt. Anschließend wird das Loch wieder locker mit Erde bedeckt. Im Handel gibt es auch spezielle **Zwiebelpflanzer**, mit denen ein zylinderförmiges Loch ausgehoben wird. Diese Form des Pflanzlochs ist ideal. Allerdings hat dieses Gerät den Nachteil, dass zum einen bindiger Boden darin haften bleibt, also das Füllen des Pflanzlochs immer nur nach mehrmaligem Schütteln und Klopfen funktioniert, und zum anderen der Zylinder für große Zwiebeln, wie zum Beispiel Narzissen, zu klein ist. Sehr kleine Zwiebeln wie die von Schneeglöckchen oder Traubenhyazinthen pflanzt man am besten mit den Fingern.

Knollen müssen ebenfalls auf der Sohle des Pflanzlochs satt aufliegen. Im Gegensatz zu Zwiebeln darf man sie aber **nicht tief pflanzen**. Zu tief gepflanzte Knollen bringen zwar Triebe und Blätter hervor, sie blühen aber nicht.

Mit der Pflanzschaufel lassen sich Blumenzwiebeln in allen Größen pflanzen. Wichtig: Sie müssen satt im Pflanzloch aufliegen.

Aufnehmen, teilen und neu pflanzen

Lässt bei den Zwiebelblumen wie Tulpen und Narzissen der Flor nach, so empfiehlt es sich, die Zwiebeln auszugraben und neu zu pflanzen. Aus einer Zwiebel haben sich nach gewisser Zeit mehrere Tochterzwiebeln gebildet, und die ursprüngliche Mutterzwiebel ist verschwunden. Nehmen Sie diese Zwiebeln auseinander und wählen Sie die kräftigsten runden Zwiebeln zur Neupflanzung aus. Der beste Zeitpunkt ist gekommen, wenn der oberirdische Teil, das Laub, eingezogen ist. Dann finden Sie die Zwiebeln auch noch leicht im Boden. Nach der Teilung können Sie

1 Mit dem **Zwiebelpflanzer** stanzt man ein zylinderförmiges Loch in den Boden. Die Erde bleibt im »Zylinder« des Gerätes.

2 Dann wird die Zwiebel ins Pflanzloch gelegt und anschließend die Erde aus dem Zwiebelpflanzer wieder eingefüllt.

sie im kühlen Keller in trockenen Sand einschlagen und im September pflanzen, oder Sie setzen die Zwiebeln direkt wieder in den Boden, denn dort sind sie am besten aufgehoben. Geben Sie ihnen Hornspäne und Kompost ins Pflanzloch. So haben sie einen Vorrat, aus dem sie zunächst unterirdisch und im nächsten Jahr oberirdisch wachsen können.

Pflege der Zwiebel- und Knollenblumen

Bei großen Zwiebel- und Knollenblumen sollten Sie alte Blütenstände entfernen, sobald diese zu welken beginnen. Andernfalls verschwenden die Pflanzen zu viel Kraft für die Samenbildung. Bei kleinen Knollen- und Zwiebelgewächsen wäre dies zu viel Arbeit, zumal diese Zwiebeln ja meist größere Bestände im Garten bilden. Diese Pflanzen dürfen ruhig Samen bilden, vor allem dann, wenn es sich um samenechte Sorten oder die reinen Wildarten handelt. Wenn Sie beim Unkrautjäten nicht alles herausziehen oder weghacken, was an grünen Trieben aus dem Boden sprießt, dann wachsen viele kleine Sämlinge nach. Allerdings dauert es Jahre, bis daraus blühende Pflanzen werden.

Oft wird empfohlen, Zwiebel- und Knollenblumen zu düngen, wenn sie Knospen ansetzen, um sie während der Blütenbildung zu kräftigen. Dies trifft jedoch nur für die großblumigen Zuchtsorten zu, nicht für die kleinblumigen Wildarten und ihre Sorten. Wenn Sie Ihre Staudenrabatte regelmäßig mit Kompost versorgen, ist eine zusätzliche Düngung nicht nötig.

Sommer- und herbstblühende Zwiebel- und Knollenblumen

Zwiebel- und Knollenblumen blühen keineswegs alle im Frühjahr. Einige Arten bringen ihre Blüten auch im Sommer und manche gar erst im Herbst hervor. Zu ihnen gehören zum Beispiel die Lilien.

Mit besonderer Sorgfalt müssen die in vielen Bauerngärten beliebten **Madonnenlilien** gepflanzt werden. Die schuppigen Zwiebeln setzt man am besten im August. Der Boden muss locker sein und einen guten Wasserabzug haben. Ideal ist ein humusreicher Boden mit einem pH-Wert im schwach sauren Bereich zwischen 6 und 7. Heben Sie die Pflanzlöcher groß genug aus, damit die Wurzeln der Zwiebeln flach ausgebreitet werden können. Den Erdaushub gründlich mit Laubkompost oder Rindenhumus mischen und einen Teil davon wieder ins Pflanzloch geben und darin einen kleinen Hügel aufschütten, auf den dann die Zwiebel gelegt wird. Anschließend nur so hoch Erde auffüllen, dass die Zwiebel 3–5 cm hoch bedeckt ist. Bis zum Herbst treibt die Zwiebel einen Blattschopf heran, der im Winter

Tipp

Legen Sie Dahlienknollen im März in mit Kompost oder Rindenhumus gefüllte Kisten und stellen Sie sie an einem warmen, hellen Platz im Haus auf. Von den Austrieben können Sie leicht Kopfstecklinge schneiden (siehe Seite 106).

durch eine Mulchdecke geschützt werden sollte.

Schließlich gibt es **Herbstkrokusse**, zu denen unter anderem Safrankrokus und Herbstzeitlose *(Colchicum)* gehören. Ihre Knollen werden Anfang September je nach Größe 8–10 cm tief gepflanzt.

Dahlien

Einige Knollenpflanzen sind bei uns nicht winterhart. Sie müssen jedes Jahr neu gepflanzt und im Herbst herausgenommen und in einem kühlen, frostfreien Raum überwintert werden.

Zu dieser Gruppe gehören die Dahlien. Für sie heben wir im April einen Spatenstich tief und breit Löcher aus und schlagen darin Stützpfähle ein, an denen später die Dahlien aufgebunden werden. Der Boden wird mit Kompost und Hornspänen angereichert und die Dahlienknollen hineingelegt. Sie dürfen nur wenig mit Erde bedeckt werden. Am kräftigsten entwickeln sich dicke Teilstücke der Dahlienknollen. Teilen Sie also die Knollen und pflanzen Sie die jungen und kräftigen Teilstücke, auch wenn sie noch klein sind. Bald treiben die Knollen aus und entwickeln ein kräftiges Blattwerk.

Während der Wachstumsphase brauchen Dahlien reichlich Nährstoffe. Geben Sie ihnen also alle 1–2 Wochen einen Guss verdünnter Brennnesseljauche. Sobald die Dahlien anfangen zu blühen, schneiden Sie reichlich Sträuße für die Vase. Je mehr Sie schneiden, desto mehr werden die Triebe angeregt, neue Knospen zu bilden. Allerdings ist es mit dem ersten Herbstfrost mit der Pracht vorbei. Das Dahlienkraut färbt sich nach der ersten Frostnacht schwarz, es stirbt sofort ab. Schneiden Sie es dann handbreit über dem Boden ab und graben die Knollen aus. An einem schattigen Platz im Freien lassen Sie die Erde trocknen, schütteln sie aus den Knollen heraus und lagern diese in einem kühlen, frostfreien Keller, Schuppen oder Ähnlichem.

Gladiolen und Begonien

Ähnlich wie mit den Dahlien verhält es sich mit **Gladiolen**. Die Knollen werden im April flach in ein gut gelockertes und mit Kompost und Hornspänen angereichertes Beet gelegt, brauchen während ihrer Wachstumsphase viel Dünger (Brennnesseljauche) und werden nach der Blüte bis auf die Blätter zurückgeschnitten. Vor dem Einschlagen im Keller kürzt man das Laub auf Handbreite, bündelt sie und hängt sie an der Kellerdecke auf.

Knollenbegonien werden im Haus oder im Gewächshaus vor-

Möglichst junge Dahlienknollen werden im April in mit Kompost und Hornspänen angereicherte Pflanzlöcher gesetzt.

Beim ersten Frost ist die Pracht dahin. Dann wird das Kraut abgeschnitten, und die Knollen kommen ins Winterquartier.

Im April in den Boden gelegt, entwickeln sich aus den Gladiolenknollen üppig blühende Blumen. Damit die Pracht möglichst lange anhält, sollte man sie reichlich mit organischem Dünger versorgen.

getrieben. Man legt die Knollen bereits Ende Februar in Kisten, Schalen oder Töpfe, die mit Komposterde gefüllt sind, und deckt sie nur dünn zu. Die Gefäße mit den Knollen werden an einen warmen Platz gestellt, der nicht hell zu sein braucht. Ideal ist zum Beispiel der Platz auf dem Küchenschrank. Dort ist es immer warm, und die Gefäße stehen dort nicht im Weg. Während der kommenden Wochen darf die Erde nicht austrocknen.

Sobald sich die ersten Blätter zeigen, werden die Gefäße ans Licht auf die warme Fensterbank gestellt. Im April kommen sie ins unbeheizte Gewächshaus, in den Frühbeetkasten oder an einen kühlen Fensterplatz im Haus. Ab Anfang Mai können Sie sie dann ins Freie stellen, müssen aber noch vor Nachtfrösten (Eisheilige) auf der Hut sein, also die Pflanzen bei drohendem Frost mit einer doppelten oder dreifachen Lage Vlies abdecken.

Ab Mitte Mai können Sie die Begonien schließlich direkt in den Balkonkasten, in Kübel, Schalen oder auch aufs Beet pflanzen. Während des Sommers brauchen sie viele Nährstoffe. Nach dem ersten Frost werden sie einige Zentimeter über der Knolle abgeschnitten und in einer Kiste mit Sand im kühlen, frostfreien Keller eingeschlagen.

Auf einen Blick

- Die Pflanzfläche für eine Staudenrabatte muss tiefgründig gelockert und mit Kompost versorgt werden.
- Containerstauden wässert man vor und nach dem Pflanzen.
- Nach einigen Jahren nimmt man stark wuchernde Stauden heraus, teilt sie und pflanzt die besten Teilstücke neu.
- Iris, Pfingstrosen und Steppenkerzen müssen ihren Ansprüchen gemäß mit besonderer Sorgfalt gepflanzt werden.
- Sumpf und Wasserstauden werden in Gitter- oder Kokoskörbe mit magerer Erde gesetzt oder direkt in Kies gepflanzt.
- Beim Anlegen einer Staudenrabatte geht man von drei Größenordnungen der Stauden aus.
- Bei Rittersporn und einigen anderen Stauden kann man durch Rückschnitt eine zweite Blüte erzielen.
- Blumenzwiebeln werden in doppelter Tiefe ihrer Zwiebelhöhe gepflanzt.
- Frostempfindliche, im Sommer und Herbst blühende Knollen werden im Mai gepflanzt und nach dem ersten Frost wieder ins Haus geholt.

Rasen und Blumenwiese

Wiese und Rasen haben mehr gemeinsam, als man gemeinhin glaubt: Beide sind Übergangsstadien der Natur. Ihnen würden bald Bäume und Sträucher folgen, wenn sie in der Natur nicht durch Tiere, im Garten von den Menschen kurz gehalten würden. Vielfältige Blumenwiesen, vom norddeutschen Flachland über die Flussauen bis ins Hochgebirge, sowie Trockenrasen und Almenmatten dienen als natürliche Vorbilder unserer Blumenwiesen und Rasenflächen in den Gärten.
Die Anlage eines Rasens und einer Blumenwiese unterscheiden sich nur in einem Punkt: **Der Boden für den Rasen muss nährstoffreich, der für die Blumenwiese abgemagert sein.** Und natürlich soll das Gräserwachstum beim Rasen gefördert, bei der Wiese gebremst werden, um Wildblumen und Kräutern echte Wachstumschancen einzuräumen.

Eine Blumenwiesenmischung setzt sich aus dem Samen von Gräsern und verschiedenen ausdauernden und einjährigen Wildblumen zusammen.

Bodenvorbereitung

Um Gräsern und Blumen einen guten Start zu geben, muss verdichteter Unterboden aufgerissen, Mutterboden locker und gleichmäßig 20–25 cm dick aufgetragen werden.
Rasen und Wiese müssen später leicht zu mähen sein. Böschungen und kleine Erhebungen sollten immer sanft ansteigend oder abfallend modelliert werden. Herausragende Buckel und tiefe Dellen müssen ausgeglichen werden, damit der Rasenmäher später nicht aufsetzt, das Sensenblatt nicht in den Boden getrieben wird.

Gründünger und Kompost

Anschließend säen Sie zur **Vorbereitung der Rasenfläche** Gründüngung aus. Die Gründüngungspflanzen werden abgemäht, bevor sie sich aussamen. Nicht untergraben! Lassen Sie das Mähgut als Mulchdecke liegen, bis es angerottet und weich geworden ist. Das Gröbste wird dann von der Fläche abgeräumt, die feineren Bestandteile mit dem Vierzahn in den Boden eingearbeitet. Feinkrümelig muss die oberste Schicht sein. Bodenverbesserer wie Sand, Kompost oder Rindenhumus werden in die oberen 10–15 cm eingearbeitet. Ebenso können Sie bei der Rasenanlage einen organischen Dünger auf der Basis von Hornspänen in den Boden einbringen. Die so vorbereitete Oberfläche wird nun sauber glatt geharkt. Alle Steine und groben Bestandteile werden entfernt.

Aussaat

Auf kleinen Flächen können Sie mit der Hand säen. **Pro Quadratmeter brauchen Sie 25–30 g der** Grassamen- oder Blumenwiesenmischung, das ist etwa eine Hand voll. Gleichmäßiger geht es mit einem Streuwagen, bei dem Sie die Aussaatdichte genau einstellen können.

Tipp

Kartoffeln zur Abmagerung

Bauen Sie vor der Anlage einer Blumenwiese erst einmal Kartoffeln an. Sie lockern den Boden, entziehen ihm überschüssige Nährstoffe und unterdrücken unerwünschte Wildkräuter.

1

2

3

4

5

6

Der Samen braucht Anschluss an den Boden. Arbeiten Sie ihn deshalb mit dem Rechen vorsichtig und vor allem gleichmäßig durch leichtes Hin- und Herharken in die oberste Krume ein. Anschließend wird die Fläche abgewalzt, oder Sie binden sich einfach Bretter unter die Schuhe und treten den Boden fest.

Wässern

Das Angießen erfolgt mit einem Gartenschlauch und feinsprühender Düse oder mit einem Rasenregner, der eine rechteckige Fläche beregnet und dessen Schwenkbereich sich genau einstellen lässt. Bis zur ersten Mahd darf die Rasen- oder Blumenwiesenfläche nicht austrocknen.

So legt man einen Rasen an:

1 Mit dem Rechen die Fläche glatt ziehen.

2 Kleine Flächen können von Hand eingesät werden.

3 Mit dem Saatwagen lässt sich gleichmäßig säen.

4 Den Samen etwas einarbeiten.

5 Mit der Walze bekommt der Samen Bodenanschluss.

6 Bis zum Aufgehen der Saat darf der Boden nicht austrocknen.

Schadhafte Stellen im Rasen ausbessern: einfach lockern, glatt ziehen und mit der Hand nachsäen.

Anschließend die Saat festtreten. Geeignet sind glatte Schuhsohlen ohne Profil oder unter die Schuhe gebundene Bretter.

Eine Gießkanne reicht oft aus. Bis zum Aufgehen der Saat muss wiederholt gegossen werden.

Unterschiedliche Pflege von Rasen und Wiese

In der Pflege unterscheiden sich Rasen und Blumenwiese ganz wesentlich voneinander:

Der **Blumenwiese** dürfen keinerlei Nährstoffe mehr zugeführt werden. Jede Düngung würde einseitig die Gräser und einige wenige nährstoffhungrige Wildpflanzen fördern, dagegen aber die Mehrzahl der wilden Blumen und Kräuter unterdrücken. Auf diese Weise wäre die Blumenwiese bald sehr artenarm.

Ganz anders der **Rasen**: als Intensivkultur, der ständig Blattmasse entzogen wird, braucht er regelmäßige Düngergaben. Auch beim Rasen gilt natürlich die Düngeregel des Biogärtners, nicht in erster Linie die Pflanzen, sondern das Bodenleben zu ernähren. Die Mikroorganismen erschließen die Nährstoffe und legen in Form von Ton-Humus-Komplexen Nährstoffvorräte an, auf die die Pflanzen jederzeit zurückgreifen können – sofern ihnen auch genügend Licht, Wärme und Feuchtigkeit zur Verfügung steht.

Rasen mähen

Die Häufigkeit des Mähens hängt von der Rasenmischung, von der

Der erste Rasenschnitt erfolgt entweder mit einer gut geschärften Sense oder mit einem hoch eingestellten Rasenmäher.

Geschwindigkeit des Wachstums, vom Wetter und nicht zuletzt von den Wünschen und Ansprüchen des Gartenbesitzers ab. Gemäht wird grundsätzlich **nur bei trockenem Wetter.** Die günstigste Schnitthöhe liegt zwischen 3,5 und 4 cm. Gleichmäßig und langsam ziehen Sie mit dem Mäher Ihre Bahn über den Rasen. Das Mähgut gelangt in den Grasfangkorb, oder es wird, bei einem Mulchmäher, fein zerhäckselt auf der Grasnarbe verteilt.

Mit dem Rechen kann man im Frühjahr das welke Gras vom Vorjahr aus dem Rasen herausharken.

Grasnarbe belüften

Als Intensivkultur braucht der Rasen auch intensive Pflege, soll seine Grasnarbe Schritt und Tritt standhalten und immer dicht den Boden bedecken. Doch bevor Sie viel Geld für teure Mittel ausgeben, sorgen Sie besser erst einmal dafür, dass die Wurzeln die Nährstoffreserven des Bodens auch gründlich nutzen können. Dazu ist die Belüftung der Grasnarbe eine hilfreiche Maßnahme. Dies können Sie mit zwei Methoden erreichen:

1. Vertikutieren: Mit einem speziellen Vertikutierrechen reißen Sie hierbei den Wurzelfilz zwischen den Gräsern auf und kratzen faulendes Schnittgut und Moos heraus.

2. Aerifizieren: Mit einem speziellen Gerät stanzen Sie etwa 20 cm tiefe Löcher in den Boden der Grasnarbe.

Durch beide Maßnahmen gelangt Luft an die Gräserwurzeln, die sich so besser mit Wasser und Nährstoffen versorgen können. Um diesen Zustand der Belüftung länger aufrechtzuerhalten, verteilen Sie Sand in der Grasnarbe.

Rasendünger

Womit düngen?

Beim **Mulchmähen** bietet das klein gehäckselte Schnittgut Nahrung fürs Bodenleben. Voraussetzung ist ein Boden mit reichlich Mikroorganismen, die den Rasenschnitt zerkleinern und in Humus verwandeln.

Mit reifem **Kompost**, von dem Sie **1–2 Schaufeln pro Quadratmeter** verteilen und anschließend in die Grasnarbe einarbeiten, führen Sie dem Boden bereits unzählige Kleinlebewesen und eine gehörige Portion an Haupt- und Spurennährstoffen zu.

Organische Rasendünger sind auf der Basis von Meeresalgen

1

2

3

4

Vertikutieren und Aerifizieren:

1 Mit einem Vertikutierrechen lassen sich verfilzter Grasschnitt und Moos aus der Grasnarbe entfernen.

2 Die Messer des Vertikutierrechens hinterlassen deutliche Spuren.

3 Mit einem Handaerifiziergerät stanzt man Löcher in die Grasnarbe und belüftet so die Wurzeln.

4 Abschließend wird Sand zur Bodenbearbeitung in die obere Schicht der Grasnarbe eingearbeitet.

Bei einem gesunden Rasen mit dichter Grasnarbe braucht man den Rasenregner nur in Ausnahmefällen bei anhaltender starker Trockenheit aufzustellen.

oder Hornspänen und Hornmehl hergestellt. Sie ernähren die Mikrofauna des Bodens und enthalten die Nährstoffe, die der Rasen braucht: Stickstoff (N), Phosphor (P) und Kalium (K) zum Wachsen und zur Festigung der Zellen sowie Magnesium (Mg) und Eisen (Fe), die das Blattgrün in den Grashalmen fördern. In manchen Düngern sind zudem Bakterien, Mikropilze, Steinmehl und Bentonit enthalten, die den Boden beleben und den Gräsern Nährstoffreserven erschließen.
Manchen der im Handel angebotenen organischen Dünger sind darüber hinaus Kali, Eisen sowie einige Spurenelemente in mineralischer Form zugesetzt. Sie sind dann als organisch-mineralische Rasendünger gekennzeichnet.

Wann düngen?

Gedüngt wird **zwei bis drei Mal im Jahr**, und zwar im Frühjahr und im Juni/Juli. Die Herbstdüngung Anfang November wird erst im nächsten Frühjahr wirksam. Sie muss nicht unbedingt erfolgen. Wer den Mulchmäher einsetzt oder Kompost verwendet, kommt eventuell mit einer Frühjahrsdüngung aus.

Wasserversorgung

Nach der Saat muss **der Rasen** sofort gewässert werden. Der Boden darf nicht austrocknen, bis sich ein erster grüner Rasenflaum gebildet hat. Bei einem gut vorbereiteten Boden, der genügend Wasser speichert, braucht danach allerdings kaum noch gewässert zu werden.
Während Hitzeperioden ist es besser, das Mähen einzustellen. Sollten zusätzliche Wassergaben doch einmal nötig werden, so stellen Sie den Regner am besten in den frühen Morgenstunden auf und wässern Sie einmal durchdringend. Beim Mulchmähen wird die Erde zwischen den Gräsern vor dem schnellen Austrocknen geschützt. Sie sparen also Wasser.
Blumenwiesen müssen ebenfalls nach der Einsaat gewässert werden. Sind sie einmal eingewachsen, überlässt man sie aber besser sich selbst. Zu viel Wässern würde nur einseitig einige wenige Gräser und Wildpflanzen fördern und die Artenvielfalt verringern.

Mähen der Blumenwiese

Die Häufigkeit und der Zeitpunkt des Mähens richten sich nach der Zusammensetzung der Arten und der Samenreife. Manche Wiesen werden nur einmal, andere zwei oder drei Mal pro Jahr gemäht. Mähen Sie, wenn ein Blütehöhepunkt vorüber ist und die Samen reifen. Lassen Sie das Mähgut einige Tage lang liegen und wälzen Sie es während dieser Zeit mehrmals um, machen Sie also richtig Heu. Aus den so getrockneten Hülsen fällt der Samen heraus und keimt im Schutz der Pflanzen. Das Heu wird danach sorgfältig abgeräumt, damit der Wiese nicht ungewollt Nährstoffe zugeführt werden.
Zum Schutz der Blumen und zum leichteren Mähen darf die Blumenwiese nicht oder nur in Ausnahmefällen betreten werden!

Mähgeräte

Eine Blumenwiese blüht immer wieder reichhaltig, wenn sie zum richtigen Zeitpunkt gemäht wird.

Die gute alte Sense

Sie ist das einfachste und umweltfreundlichste Gerät zum Mähen. Wer damit umgehen kann, wird sie nur bei großen Rasen- und Wiesenflächen gegen einen Rasenmäher eintauschen wollen, denn mit ihr lässt sich sowohl ein relativ kurzer Rasen als auch eine hoch gewachsene Blumenwiese schneiden.

Dengeln und wetzen

Zum Mähen mit der Sense muss die Schneide immer gut gedengelt und gewetzt sein. Zum **Dengeln** setzt man sich rittlings auf einen Dengelbock, an dessen Kopf ein kleiner Amboss befestigt ist. Man schraubt das Sensenblatt mit einem (zur Sense gehörenden) Vierkantschlüssel ab und legt es auf den kleinen Amboss, sodass die Außenseite nach oben weist. Die Schneide wird mit einer Hand satt auf den Amboss aufgelegt. In der anderen Hand hält man einen Hammer, den man gezielt ohne hohen Kraftaufwand auf die Schneide schlägt. Beim Aufschlagen zieht man den Hammer etwas zum Körper hin. Diesen Vorgang wiederholt man Millimeter für Millimeter, von der Spitze des Sensenblatts bis zur Basis. Mit dem Daumen wird die Schärfe der Schneide getestet.

Die Sense dengeln und wetzen: Das Sensenblatt mit der Kante auf den kleinen Amboss des Dengelbocks legen, die Innenseite weist nach unten.

Mit dem Hammer schlägt man nun, das Werkzeug mit jedem Schlag leicht zurückziehend, auf die Kante mit der Schneide.

Während des Mähens muss nachgeschliffen werden. Abwechselnd wird der Wetzstein von innen und von außen an der Schneide entlang geführt.

Mähen mit der Sense

Ist die Sense scharf genug, kann gemäht werden. Geht das Mähen mit der Sense nach einer gewissen Zeit schwerer vonstatten, wird mit dem Wetzstein nachgeschliffen. Dazu stellt man die Sense mit dem Sensenblatt in Augenhöhe auf, sodass die Innenseite sichtbar ist, und streift den Wetzstein mit leichtem Druck von der Basis zur Spitze, wobei man ihn gleichzeitig nach unten zieht. Abwechselnd wird der Vorgang von der Rückseite wiederholt, jedoch mit weniger Druck. Geschliffen wird die Innenseite, an der Außenseite wird das Sensenblatt »entgratet«.

Im Gegensatz zum Mähen mit dem Rasenmäher, das nur bei trockenem Gras stattfinden sollte, lässt sich die Wiese mit der Sense am besten morgens bei taufeuchtem Gras mähen. Setzen Sie das Sensenblatt dicht über dem Boden an, sodass die Spitze leicht nach oben weist. Dann mähen Sie mit leichtem, elegantem Schwung ohne hohen Kraftaufwand das Gras, die Kräuter und die Blumen Bogen für Bogen ab. Wenn Sie noch ungeübt sind, nehmen Sie mit jedem Schwung möglichst wenig Gras unter das Sensenblatt. So mäht es sich leichter.

Morgens im taufeuchten Gras lässt es sich am leichtesten mit der Sense mähen. Die Spitze leicht nach oben gerichtet, führt man das Sensenblatt in schwungvollem Bogen dicht über dem Boden durch das Gras.

Handrasenmäher

Mit einer guten Übersetzung, die das Schieben erleichtert, mit einem Grasfangkorb und auf Wunsch mit einem kleinen akkubetriebenen Elektromotor ausgestattet, bietet ein solcher kleiner Mäher alles, was man für eine Rasenfläche bis 100 qm braucht.

Der Handrasenmäher schneidet mit seiner Spindel am saubersten und umweltfreundlichsten. Für kleine Flächen reicht er völlig aus.

Spindelmäher

Alle Handrasenmäher sind mit einem Spindelmähwerk ausgestattet. Dabei treffen die wie eine Walze rotierenden Messer der Spindel auf eine fest montierte Schnittkante. Die Grashalme werden sauber und glatt geschnitten. Das Gras darf allerdings nicht zu hoch gewachsen sein. Spindelmäher gibt es auch mit Benzinmotorantrieb.

Tipp

Halten Sie sich zum Blumenpflücken eine Schneise mit dem Rasenmäher frei, die wie ein gewöhnlicher Rasen regelmäßig gemäht wird.

Benzin- und Elektromäher

Elektrorasenmäher werden über ein Kabel mit Netzstrom versorgt, das man beim Mähen hinter sich herziehen muss. Das kann lästig sein und birgt die Gefahr, dass man das Kabel aus Unachtsamkeit durchtrennt. Mit 25 m Kabellänge ist der Aktionsradius für eine mittlere Rasenfläche nicht zu klein bemessen.
Alternativ dazu werden **Akkumäher** angeboten. Mit einer Akkuladung kann man eine Fläche bis zu 300 qm Rasen mähen.
Benzinmotoren: Manche Hersteller bieten **Zweitaktmäher** an. Sie versichern, dass diese mit bleifreiem Benzin betrieben werden und die Abgaswerte den vorgeschriebenen Normen entsprechen. Besonders vorteilhaft sollen Zweitaktmäher an Hanglagen sein.
Die Hersteller von **Viertaktmähern** halten dagegen, dass die heutigen Viertaktmotoren auch bei starken Neigungen problemlos weiterlaufen. Viele Benzinmäher sind mit einem Elektrostarter ausgestattet.
Einige Modelle sind auch mit Radantrieb zu haben.

Das Sichelmähwerk wird von einem Elektro- oder Benzinmotor betrieben und schlägt die Grashalme wie eine Sichel ab.

Sichelmäher

Elektro- und Benzinmotormäher besitzen größtenteils ein Sichelmähwerk. Es besteht aus waagerecht rotierenden Messern, die die Grashalme wie eine Sichel abschlagen. Der Schnitt ist nicht ganz so sauber wie mit dem Spindelmäher. Dafür kann aber auch höher gewachsenes Gras noch leicht geschnitten werden. Der Grasschnitt wird in einem Grasfangkorb aufgefangen.

Mulchmäher

Bei diesem Mäher wird das Mähgut von unten gegen die Abdeckung des Mähers gewirbelt, von dort zurückgeworfen und von den Messern ein zweites Mal geschnitten. Fein zerhäckselt wird es anschließend auf der Grasnarbe verteilt.

Wiesenmäher

Die Räder dieses Mähers weisen einen großen Durchmesser auf und sind mit einem Radantrieb ausgestattet. Wiesenmäher sind geländegängig und lassen sich auch am Hang noch mühelos führen. Im Regelfall sind sie mit leistungsfähigen Zweitakt- und Viertaktmotoren von 4,4 kW (6 PS) ausgestattet, die nach den vorgeschriebenen Normen abgas- und geräuscharm sind. Die Schnitthöhen lassen sich je nach

Ein Balkenmäher schneidet die Halme der Gräser und Blumen wie eine Schere ab. Sein Einsatz lohnt sich bei sehr großen Wiesenflächen.

Typ und Fabrikat in vier bis sechs Stufen zwischen 2,5 und 9 cm verstellen und so dem Blumenrasen, der Blumenwiese anpassen.

Balkenmäher

Ein Balkenmäher schneidet hohes Gras mit einem an seiner Vorderseite angebrachten Mähbalken. Dieser Balken besteht aus zwei Messerreihen, die sich gegenläufig bewegen, also das Gras wie mit einer Schere schneiden. Ein solcher Schnitt ist sauber. Und dieses Schneidewerk ist durchaus in der Lage, auch dickere Halme, gegebenenfalls sogar Baumsämlinge zu schneiden.

Mit einer Mähbreite von 60 bis 120 cm, einem leistungsfähigen Motor, der zwei große Räder mit starkem Reifenprofil antreibt, lassen sich große Wiesenflächen in kurzer Zeit mähen.

Pannenhilfe

Die wenigsten Probleme bereitet ein Handrasenmäher. Benzin- und Elektromäher können jedoch manchmal streiken. Wer technisch nicht sehr versiert ist, sollte grundsätzlich Reparaturen vom Fachmann durchführen lassen. Einen Prüfcheck und kleinere Pannenhilfen können Sie aber auch leicht selbst bewerkstelligen.
Springt der **Benzinmäher** nicht an, so sehen Sie erst einmal nach, ob überhaupt Benzin im Tank ist.

Wenn der Motormäher nicht anspringt, sollte man die Zündkerze herausschrauben, reinigen, den Abstand der Elektroden prüfen und die Kerze ggf. auswechseln.

Ist dies der Fall, so ziehen Sie den Zündkerzenstecker und schrauben die Zündkerze mit einem Kerzenschlüssel (nicht mit der Rohrzange!) heraus. Sind die Elektroden stark abgenutzt, muss die Zündkerze erneuert werden. Sind sie nur verschmutzt, so reinigen Sie sie mit einer kleinen Drahtbürste und wischen sie mit einem sauberen, nicht fusselnden Tuch sauber. Sind die Elektroden nass, ziehen Sie den Starterzug bei geschlossenem Benzinhahn ein paar Mal durch, ehe Sie die Zündkerze wieder einsetzen. Vorher kontrollieren Sie noch den Abstand der Elektroden, er muss 0,75 mm betragen. Bei wieder geöffnetem Benzinhahn müsste der Motor nun wieder anspringen.
Tut er's noch immer nicht, nehmen Sie seitlich vom Motor den Luftfilter ab und blasen ihn einmal sauber. Ein stark verschmutzter Filter muss erneuert werden.
Wer einen **Rasenmäher mit Elektrostarter** hat, muss prüfen, ob der Akku nicht leer ist, und gegebenenfalls diesen 24–48 Stunden lang aufladen. Auch die Verbindungskabel vom Zündschloss zum Motor sollten überprüft werden.

Kabel, Anschlüsse und Sicherungen prüfen

Elektromäher sind einfacher zu handhaben. Sollten diese Geräte einmal streiken, ziehen Sie aus Sicherheitsgründen als Erstes den Netzstecker. Dann prüfen Sie die Sicherungen am Mäher und im Haus sowie Kabel, Stecker und Anschlüsse. Können Sie keinen Fehler entdecken und beheben, bringen Sie den Mäher besser zum Fachmann.

Auf einen Blick

- Rasen braucht einen nährstoffreichen, die Blumenwiese einen nährstoffarmen Boden.
- Für Rasen und Blumenwiese wird der Boden in gleicher Weise gelockert.
- Rasenflächen benötigen Dünger, die Fläche für eine Blumenwiese kann durch den Anbau von Kartoffeln abgemagert werden.
- Die Aussaat von Rasen und Blumenwiese geht in gleicher Weise vonstatten.
- Bis zum Auflaufen der Samen muss die frisch eingesäte Fläche feucht gehalten werden.
- Durch regelmäßiges Mähen und Belüften wird die Grasnarbe des Rasens dicht.
- Die Sense ist das beste Mähgerät für die Blumenwiese. Sie muss gedengelt und gewetzt werden.
- Zum Rasenmähen stehen unterschiedliche Rasenmähertypen zur Verfügung. Auf kleinen Flächen tut's der Handrasenmäher.
- Viele Pannen bei Benzinmähern lassen sich beheben, indem man Zündkerzen bzw. Kabelanschlüsse überprüft.

Pflanzen vermehren

Wer am Garten und an der Anzucht und Pflege von Pflanzen Freude gefunden hat, bei dem wächst die Lust am Experimentieren. Diese und jene Pflanze – wäre es nicht schade, wenn sie eines Tages durch irgendwelche Umstände einginge, und wäre es nicht überhaupt schön, mehr davon zu haben?

Kein Problem, denn die meisten Pflanzen verschwenden ihren Samen in unglaublicher Fülle. Einmal vorausgesetzt, Sie gehören nicht zu den Saubermannsgärtnern, die außer den einmal gesäten und gepflanzten Gewächsen nichts im Garten dulden, brauchen Sie sich nur noch nach den Sämlingen zu bücken. Und nur keine Angst davor, dass Sie nicht mehr gegen die Flut der Sämlinge ankommen. Wenn sie Ihnen zu viel werden, brauchen Sie ja nur einen Teil davon abzuhacken (siehe Seite 51).

Manche Samen wie die des Löwenzahns sind mit kleinen Fallschirmen ausgestattet, um vom Wind an einen ihnen zusagenden Ort getragen zu werden.

Sie merken schon: Ich möchte Sie ein wenig dazu anstiften, etwas wachsen zu lassen. Andernfalls gehen nämlich vielleicht die wundervollsten Dinge in Ihrem Garten auf, und Sie merken es gar nicht.

Selbstaussaat

Viele Pflanzen säen sich von selber aus. Ohne Ihr Zutun. Dies ist die einfachste Möglichkeit, Pflanzen zu vermehren. Sehen Sie sich die erwachsenen Pflanzen in der Umgebung der Sämlinge an. Spätestens bei dem dritten Blatt über den Keimblättern erkennen Sie, um welche Pflanzenart es sich bei den Sämlingen handelt. Dieses einfache Gewährenlassen hat, außer dass Sie mit der Vermehrung dieser Pflanzen keine Arbeit haben, noch den Vorteil, dass diese sich selbst aussäenden Exemplare die robustesten und kräftigsten Pflanzen überhaupt werden. Sie trotzen meistens sogar den Schnecken! Dies gilt für Sonnenblumen wie für Stockrosen, für Nachtviolen, Stiefmütterchen, Fingerhüte und Königskerzen, für Schwarzwurzeln, Rucola, Feldsalat und sogar für Tomaten.

Alte Kulturpflanzen und Wildpflanzen erhalten

Sammler und Vereine, die es sich zur Aufgabe gemacht haben, alte Gemüsesorten zu vermehren, kennen zahlreiche samenechte Sorten, darunter Hunderte verschiedene Tomatensorten, die Sie leicht weitervermehren können. Dies ist sogar dringend erwünscht, weil Sie so zur Artenvielfalt der Kulturpflanzen beitragen, die in

Die Samenkapseln der Stockrosen lässt man ganz ausreifen und sammelt sie ein, kurz bevor sie sich von selbst öffnen.

den letzten Jahrzehnten bis auf wenige Allerweltssorten geschrumpft ist. Auch seltene oder sogar bedrohte Wildpflanzen, von denen sich vielleicht ein Exemplar in Ihrem Garten angesiedelt hat, können Sie weitervermehren und die jungen Pflanzen oder das gewonnene Saatgut an andere Naturgartenfreunde weitergeben.

Hybriden sind ungeeignet

Die wichtigste Voraussetzung für die Vermehrung durch Samen ist, dass es sich dabei nicht um Hybriden handelt (meist F_1-Hybriden genannt). Gewinnen Sie den Samen von Hybriden, also Kreuzungen, so erhalten Sie bunt gemischt Sorten der Eltern-, Großeltern- und Urgroßelterngenerationen, die an der Züchtung der Hybriden beteiligt waren. Dann fällt die Farbe der Blüte nicht mehr so aus wie die der Blume, von der Sie den Samen gewonnen haben.

Manchmal kann so ein Experiment natürlich auch gut ausgehen. Dann kommt statt der Blume mit der »schreienden« Farbe eine feine, zarte Blüte heraus, die nicht so »ins Auge knallt«. Wenn Sie Pech haben, gewinnen Sie eine reich tragende Zucchinipflanze, deren Früchte aber durchweg bitter schmecken, oder Gurkenranken, deren Blätter schnell vom Mehltau überzogen sind. Ob es sich bei dem Saatgut oder den

Der unverkennbare schwarz-weiß gezeichnete Samen von Tagetes wird aus den an der Blume gereiften Samenständen herausgelöst.

Pflanzen um F_1-Hybriden handelt, lesen Sie auf der Samentüte, auf dem Pflanzenetikett oder im Katalog der Baumschule oder Staudengärtnerei ab.

Saatgut sammeln

Wildpflanzen oder samenechte alte Sorten können Sie ohne weiteres durch Samen vermehren, indem Sie den reifen Samen sammeln und einfach wieder aussäen. Bei den meisten Arten geht das sehr problemlos. Viele bilden Früchte aus, in denen der Samen enthalten ist, oder Kapseln, durch die sie den Samen hinausschleudern. Andere entwickeln Flugkörper, die, wenn sie reif sind, vom Wind fortgetragen werden und dort aufgehen, wo ihnen der Standort zusagt. Wollen Sie es nun nicht dem Zufall überlassen, wo der Samen aufgeht, sondern ihn gezielt ernten, dann müssen Sie ihn rechtzeitig sammeln, das heißt aber auch nicht zu früh, sondern dann, wenn er reif ist.

Samen mit Flugkörper

Bei Samen, die mit einem Flugkörper, also mit einem kleinen Fallschirm ausgestattet sind, zum Beispiel bei Schwarzwurzeln (die im zweiten Jahr zur Blüte kommen und Samen bilden), warten Sie einen trockenen Tag ab, an dem sich die ersten Samen zu lösen beginnen. Sammeln Sie die Samen in einen Leinenbeutel oder eine Schale und lassen Sie sie im Haus noch etwas nachtrocknen. Dann lösen Sie die Flugkörper vom Samen und bewahren diesen in dicht verschließbaren Gefäßen auf, zum Beispiel Schraubgläsern oder Filmdosen. Ein Etikett mit Art und Sorte sowie dem Erntezeitpunkt ermöglicht Ihnen die spätere Kontrolle und zeitgerechte Aussaat.

Kapseln und andere Samenstände

Ebenso können Sie bei vielen anderen Blütenpflanzen verfahren, bei denen der Samen nach dem Verblühen deutlich sichtbar wird. Sie brauchen dann die trockene Blüte nur noch ein wenig zu zerbröseln und die Samen in ein Gefäß rieseln zu lassen. Wieder andere Samen bilden Kapseln aus, die eines Tages aufplatzen (Stechapfel) oder Öffnungen freigeben, durch die dann der Samen herausgeschleudert wird, wenn der Wind die trockenen Pflanzen bewegt (Mohn). Hier brauchen Sie nur die Probe zu machen und ein Gefäß gegen die Kapsel zu halten und etwas zu schütteln, um zu sehen, ob der Samen schon ausgeschleudert wird. Natürlich sind viele Samen auch bei den Vögeln beliebt. Um sich in diesem Fall Ihre Samenernte zu sichern, binden Sie ein Vlies um die jeweils kräftigsten Samenstände und Kapseln. Den Rest überlassen Sie getrost den gefiederten Sängern.

1 Alte Tomatensorten lassen sich durch Samengewinnung erhalten.

2 Eine ausgereifte Tomatenfrucht wird in der Mitte durchgeschnitten.

3 Man reibt beide Hälften so aneinander, dass der Samen ins Glas fällt.

4 Über den Samen wird Wasser ins Glas gegossen.

5 Die Gläser an einen warmen Platz stellen, den Inhalt mehrmals umrühren.

6 Nach drei Tagen abseihen und die Samen auf Küchenpapier trocknen. Anschließend in Schraubgläser füllen.

Hülsenfrüchte

Haben Sie samenechte Hülsenfrüchte wie Erbsen oder Bohnen, so lassen Sie auch diese so lange wie möglich an den Ranken hängen. Erst wenn die Hülsen ganz trocken sind, holen Sie sie zum Nachtrocknen ins Haus. Dann platzen die Schalen von selber auf, und Sie können die darin liegenden Samen heraussammeln.

Samen aus Früchten

Bei fleischigen, saftigen Früchten können Sie nicht abwarten, bis die Früchte vertrocknen. Sie würden vorher abfallen und auf dem Boden verschimmeln. Dies gilt vor allem für **Tomaten.** Lassen Sie deshalb Tomaten gut ausreifen.

Dann ernten Sie die Früchte, schneiden sie in der Mitte durch und reiben die beiden Teile so, dass der Samen in ein darunter aufgestelltes Gefäß fällt.

Bei Paprika und Kürbis brauchen Sie die Samen lediglich aus den aufgeschnittenen Früchten herauszukratzen und auf einem Küchenpapier trocknen zu lassen, bevor sie zur Lagerung in Gefäße gefüllt werden.

Bei **Gemüse und Blumen** können Sie die Qualität von Generation zu Generation verbessern, indem Sie immer nur das Saatgut der kräftigsten, am schönsten blühenden bzw. der Pflanzen mit den größten und zugleich wohlschmeckendsten Früchten ernten und weiter aussäen. Aller Samen wird in Gläsern oder Filmdosen im kühlen Keller aufbewahrt.

1 2 3 4 5 6

Vegetative Vermehrung

Die Vermehrung durch Samen nennt man generative Vermehrung, weil die Gene der Pflanze im Samen enthalten sind und durch die Aussaat immer wieder eine neue Generation entsteht. Bei der vegetativen Vermehrung nimmt man dagegen einen Trieb, ein Triebstück oder ein Wurzelstück von der Pflanze ab und steckt diesen Pflanzenteil in Erde, auf dass er Wurzeln bilde und zu einer neuen Pflanze heranwachse.

Kindel, Ausläufer und Ableger

Auch bei der vegetativen Vermehrung geschieht manches von selber. Eine **Erdbeerpflanze** etwa sendet vom Frühjahr an Ausläuferfäden in alle Richtungen, an deren Enden sich junge Pflänzchen bilden, die dann heranwachsen, während die alte Pflanze abstirbt. Bei der Sorte 'Florika' lassen wir sie gewähren, ohne die jungen Ableger von der Mutterpflanze zu trennen. Stattdessen werden die Pflanzen nach der Ernte einfach bodeneben abgeschnitten, wenn man will, mit dem Rasenmäher. Bis zu acht Jahre lang bringen die Pflanzen bei dieser Behandlung immer wieder reichlich Früchte hervor.

Die Pflanzen der anderen Erdbeersorten sind nach drei Jahren erschöpft, das heißt, sie tragen dann nur noch kleine, nicht sehr schmackhafte Früchte. Deshalb pflanzt man jedes Jahr neue und räumt die dreijährigen nach der Ernte ab. Die jungen Pflanzen gewinnt man aus den Ablegern, die sich an den Ausläuferfäden gebildet haben. Man wählt im August die kräftigsten Jungpflanzen aus und setzt sie mit einem Reihenabstand von 50 cm und von 30 cm innerhalb der Reihe auf ein mit reifem Kompost und organischem Dünger gut versorgtes Beet. Die Ableger dürfen nicht zu hoch, aber auch nicht zu tief gesetzt werden, sondern gerade so, dass sie mit ihren Wurzeln bis zum Blattansatz im Boden stecken. Anschließend rundum angießen. Ähnlich Erdbeeren lassen sich auch Günsel, Pfennigkraut und unter den Wasserpflanzen Froschbiss vermehren.

Die Kindel der Erdbeeren werden im August abgetrennt und auf ein neues Beet gesetzt. Um besonders kräftige Pflanzen zu erzielen, kann man sie auch in Töpfe pflanzen.

Absenker

Auch manche Gehölze, Forsythien oder Brombeeren zum Beispiel, vermehren sich ohne unser Zutun, immer vorausgesetzt, wir lassen sie gewähren. Diese Sträucher neigen ihre langen Triebe zum Boden, und deren Spitzen bilden bei Berührung ganz von selber Wurzeln. Man braucht sie dann nur noch mit der Schere von der Mutterpflanze zu trennen und an den gewünschten Ort zu versetzen.

Brombeeren lassen sich durch Absenker leicht vermehren. Die abgesenkte Rute hat bereits an zwei Stellen ausgetrieben.

Diese Eigenschaft mancher Gehölze können Sie ganz gezielt fördern und nutzen. Biegen Sie einen Trieb von einer Forsythie, einer Kletterrose, einer Brombeere zu Boden und befestigen Sie ihn dort. Graben Sie dazu einen etwa 10–15 cm tiefen Spalt und fixieren Sie den Trieb darin mit einem hakenförmig zugeschnittenen Astholz oder mit einem entsprechend zurechtgebogenen Drahthaken. Das Ende des Triebes ragt aus dem Boden wieder heraus, über den in der Erdspalte befestigten Trieb decken Sie Erde. Je nach Art bildet der Trieb nach einigen Wochen oder erst nach Monaten Wurzeln. Wenn das herausragende Triebende weiterwächst, ist dies ein sicheres Zeichen für die Wurzelbildung. Dann schneiden Sie den Trieb von der Mutterpflanze ab und können den bewurzelten Absenker verpflanzen.

Anhäufeln

Eine ähnliche Methode ist das Anhäufeln. Man wendet sie bei Gehölzen an, deren Triebe zwar ebenfalls leicht Wurzeln bilden, sich jedoch nicht so einfach bis auf den Boden biegen lassen, zum Beispiel Johannisbeeren oder die Apothekerrose *(Rosa gallica* 'Officinalis'). Rund um den Strauch wird einfach 20–30 cm hoch Erde angehäufelt, sodass die Triebe an ihrem Fuß ganz umschlossen sind. Nach einigen Wochen haben sich in der Regel Wurzeln gebildet. Man legt dann den Trieb frei und schneidet ihn unterhalb der neu gebildeten Wurzeln ab. Der beste Zeitpunkt zum Anhäufeln und Absenken ist das Frühjahr.

Steckhölzer

Viele Bäume und Sträucher lassen sich auch durch Steckhölzer vermehren. Dies ist vor allem dann empfehlenswert, wenn Sie mehrere Exemplare einer Art benötigen.
Schneiden Sie im Spätherbst oder Winter ausgereifte und unverzweigte Triebe eines Strauches ab und teilen Sie diese Triebe mit der Gehölzschere in Stücke von 10–20 cm Länge. Die Hölzer werden jeweils etwa 3 mm über und unter einem Stängelknoten (Nodium) abgeschnitten. Um »oben« und »unten« wieder zu erkennen, schneiden Sie die Oberseite der Steckhölzer gerade, die Unterseite etwas schräg ab, aber immer noch so, dass das Nodium unversehrt bleibt. An den Nodien bilden sich später in der Erde Wurzeln, über der Erde die neuen Triebe.
Die Hölzer werden in ein gut gelockertes Beet gesteckt, und zwar so tief, dass nur noch die zwei bis drei obersten Stängelknoten aus der Erde ragen. Natürlich können Sie die Steckhölzer auch einzeln in entsprechend tiefe Töpfe stecken. Sie bilden dann einen kompakten Wurzelballen, der beim Umpflanzen erhalten bleibt und besseres Anwachsen garantiert.

Stecklinge

Stecklinge unterscheiden sich von Steckhölzern dadurch, dass man zwar ausgereifte, aber noch nicht verholzte Pflanzenteile verwendet, die vom Kopf der Pflan-

Steckhölzer können auch leicht in Töpfe gesteckt werden. So bilden sie gleich einen festen Wurzelballen.

1

2

3

4

5

Stecklingsvermehrung:

1 Dicht über einem Stängelknoten schneidet man den Steckling von der Mutterpflanze ab.

2 Anschließend wird die Internodie dicht unter dem untersten Nodium des Stecklings abgeschnitten.

3 Den Steckling in einen mit magerem Substrat gefüllten 6-cm-Topf stecken.

4 Im Topf entwickelt der Steckling gleich einen kompakten Topfballen.

5 In einem großen Topf und in nährstoffreicher Erde hat sich der Steckling zu einer üppigen Pflanze entwickelt.

ze geschnitten werden. Bei vielen Zimmerpflanzen kann man auch einzelne Blätter als Stecklinge verwenden.

Kopfstecklinge

Bei Kopfstecklingen schneidet man in der Regel eine Triebspitze mit zwei bis drei, je nach Pflanzenart und Beschaffenheit auch mehr Blattpaaren ab. An der Mutterpflanze wird der Trieb dicht über dem Nodium geschnitten, und beim Steckling trennt man das verbleibende Stück (Internodium) unter dem Nodium ab. So treibt die Mutterpflanze wieder unter der Schnittstelle aus, und der Steckling bekommt leichter Wurzeln.

Anschließend wird das unterste Blattpaar (oder die unteren Paare) entfernt und der Steckling in ein vorbereitetes **Gemisch aus reifem Kompost oder Maulwurfserde und Sand** gesteckt. Dieses Gemisch wird erdfeucht in einen Topf oder eine Schale gefüllt und mit gewölbter Oberfläche gründlich angedrückt. Mit einem dünnen Stab (oder je nach Dicke des Stecklings auch mit einem Pikierstab) sticht man ein Loch in die Oberfläche und steckt den Steckling hinein. Anschließend mit dem Holz und dem Finger gut andrücken, sodass der Steckling fest sitzt.

Kleine Stecklinge werden dicht an dicht in eine Schale gesteckt (zum Beispiel Kräuter, Fuchsien usw.), **größere Stecklinge** (zum Beispiel Pelargonien) setzt man am besten gleich einzeln in kleine Töpfe mit 6–8 cm Durchmesser. Bei **Pelargonien** ist dies auch wegen der Bildung eines Topfballens sinnvoll. In einer Kiste oder Schale würden sie lange Wurzeln bilden, die dann beim Umpflanzen leicht abbrechen. Die kleineren Stecklinge pflanzt man dann bald nach der Bewurzelung einzeln in Töpfe.

Die frisch gesteckten Stecklinge werden überbraust und am sonnigen Fenster oder auf der Hängestellage des Gewächshauses platziert. In den ersten Tagen müssen sie jedoch noch vor Sonne geschützt werden. Decken Sie deshalb ein angefeuchtetes Blatt Blumenpapier, zur Not auch Zeitungspapier darüber. Wenn die Stecklinge nach einigen Tagen nicht mehr schlappen, können Sie sie nach und nach ans Sonnenlicht gewöhnen.

Stecklinge dürfen nie austrocknen. Außerdem müssen Sie sie sorgfältig überwachen. Sobald sich ein welkes oder gar faulendes Blatt zeigt, muss es sofort entfernt werden, oft am besten gleich der ganze Steckling, damit er andere nicht ansteckt.

Teilung

Eine sichere Vermehrungsmethode ist die Teilung. Sie ist bei den meisten Stauden und sogar einigen Sträuchern möglich – immer dann nämlich, wenn die Pflanze ein reich verzweigtes Wurzelgeflecht im Boden bildet, aus dem mehrere Triebe emporwachsen.

Bei **Stauden und Gehölzen** gräbt man die Pflanze mit einem möglichst großen Wurzelvolumen aus, sticht oder schneidet sie mit dem Spaten oder einem scharfen Messer in mehrere Teilstücke und pflanzt diese wieder neu. Bei den meisten Stauden fallen dabei viel mehr Teilstücke an, als man pflanzen kann. Dann ist es am besten, eine Auswahl zu treffen und nur die kräftigsten Teilstücke einzusetzen. Vielleicht findet sich auch im Freundes- oder Bekanntenkreis jemand, der solche »Ableger« gerne nimmt?

Die Teilung ist eine sichere Form der Vermehrung. Manchmal muss dazu der Spaten eingesetzt werden.

Zartere Pflanzen können zur Vermehrung einfach mit den Händen auseinander gerissen werden.

Bei **Knollen** können Sie ebenfalls Teilstücke verwenden. **Dahlien** etwa gedeihen besser, wenn man anstatt der ganzen überwinterten Knolle jeweils nur die besten Teilstücke neu pflanzt. Die Knollen von Knollenbegonien können Sie mit einem scharfen Messer in mehrere Teilstücke schneiden, die jedoch jeweils ein »Auge« aufweisen müssen. Die Schnittstellen werden zum Schutz vor Fäulnis vor dem Pflanzen mit Holzkohlenpuder eingestrichen. Ebenso können Sie bei der Vermehrung und Neupflanzung von **Winterlingen** verfahren.

Blumenzwiebeln bilden immer wieder Tochterzwiebeln. Belässt man sie im Boden, so nehmen vor allem die großblumigen Arten mit den Jahren immer mehr ab, das heißt, sie bringen nur noch kleine Blüten hervor. Man gräbt sie daher besser aus und entnimmt den Horsten der Tochterzwiebeln jeweils nur die kräftigen, bauchigen Exemplare zur Neupflanzung. Die flachen Zwiebeln werden nicht verwendet.

Auf einen Blick

- Viele Pflanzen säen sich selbst aus. Man wählt unter den Sämlingen die stärksten aus.
- Seltene alte Kulturpflanzen lassen sich durch die Gewinnung eigenen Saatgutes erhalten und weiter verbreiten.
- Hybriden sind für die Vermehrung durch selbst gesammeltes Saatgut ungeeignet.
- Saatgut sammelt man von ausgereiften trockenen Samenkapseln oder aus den Früchten.
- Ohne Risiko lassen sich Pflanzen vegetativ vermehren.
- Durch Ableger, Absenker und Anhäufeln bilden Pflanzenteile schon an der Mutterpflanze Wurzeln.
- Durch Stecklinge und Steckhölzer lassen sich mehrere Nachkommen von einer Mutterpflanze heranziehen.
- Teilung ist eine sichere Vermehrungsmethode für Stauden, Zwiebeln und Knollen sowie manche Gehölze.

Vom Schutz der Pflanzen

Zu Unrecht wird der Begriff Pflanzenschutz noch immer mit der Giftspritze in Verbindung gebracht. Genau genommen dient aber alles, was wir zu ihrem Wachsen und Gedeihen beitragen, dem Schutz der Pflanzen – von der gründlichen Bodenvorbereitung und dem sorgfältigen Pflanzen über die Einhaltung von Fruchtfolgen und Nutzung von günstigen Nachbarschaften bis hin zur ausgewogenen Versorgung mit Nährstoffen. Wenn Sie in alldem Sorgfalt walten lassen, haben Sie schon einen Großteil dessen bewältigt, was »Pflanzenschutz« ausmacht. Krankheiten treten nur noch sporadisch durch die Witterung begünstigt auf, und Blattlaus & Co. werden kaum zu nennenswerten Schädlingen, sondern dienen eher als Nahrung für Vögel und andere Nützlinge.

Die häufigsten Plagegeister

Nicht von der Hand zu weisen ist aber, dass es dennoch Pflanzenkrankheiten und Plagegeister gibt, die selbst im gesündesten Biogarten erheblichen Schaden anrichten können. Dazu gehören zunächst einmal drei berühmt-berüchtigte »tierische« Schädlinge: Nacktschnecken, Wühlmäuse und Maulwurfsgrillen (Werren). Sie treten – Gott sei Dank! – selten in einem Garten gleichzeitig auf. Aber wo sie auftreten, kommen sie fast immer als Invasion vor.

Nacktschnecken

Die gefräßigen Kriechtiere sind die häufigste Plage im Garten. Sie bewegen sich am besten auf glatter feuchter Unterlage und verzehren frisch gepflanzte Setzlinge und grasen die Keimlinge junger Saaten ab, setzen aber auch größeren Pflanzen zu. Vorbeugend ist da kaum etwas zu machen. Oft wandern sie aus der Nachbarschaft, einer feuchten Wiese oder einem nahe gelegenen Waldrand, zu. Bei der Abwehr von Schnecken ist »konzertierte Aktion« angesagt. Mehrere Maßnahmen müssen miteinander verbunden werden.

Zunächst einmal sollten Sie **nicht abends gießen**. Schnecken sind nachtaktiv; tagsüber kommen sie fast nur bei Regenwetter an die Oberfläche. Bis zum Abend ist die Erde wieder abgetrocknet, und die Fortbewegung der Schnecken wird zumindest nicht begünstigt.

Barrieren

Einzelne frisch gepflanzte Setzlinge oder gerade aufgelaufene Saaten können Sie durch eine Barriere aus Sägemehl oder ähnlichem trockenem Material, zum Beispiel gehäckseltem Schilfrohr, schützen. Das trockene Material erschwert das Kriechen, sodass die Schnecken in der Regel die Barriere meiden. Allerdings funktioniert dieser Schutz nur, solange es nicht regnet. Sie können auch Gesteinsmehl oder einen milde wirkenden Kalk ($CaCO_3$)

Nacktschnecken stürzen sich oft über Nacht auf den Salat. Ein wenig hilft es, ihnen die geschwächten Pflanzen zu überlassen.

Ab Ende August bis zum Winteranfang legen die Schnecken. Unter ausgelegten Brettern kann man die Eigelege leicht einsammeln.

Solange es trocken ist, können die Sämlinge von Stangenbohnen mit Sägemehl geschützt werden.

Hobelspäne, flächig um eine Kohljungpflanze verteilt. Bei Regenwetter lässt die Wirkung nach.

oder, etwas teurer, Algenkalk verwenden. Aber auch dabei gilt: Sobald es regnet, ist dieser Schutz wirkungslos. Bei trockener Witterung bietet er den frisch gesetzten oder frisch aufgelaufenen Pflanzen jedoch zumindest so lange Schutz, bis sie kräftiger geworden sind und nicht mehr so leicht befallen werden können.

Tipp

Schneckenzäune müssen mit größter Sorgfalt installiert werden. Alle Eckverbindungen müssen so dicht schließend ineinander übergehen, dass sich keine Schnecke hindurchzwängen kann. Kontrollieren Sie in regelmäßigen Abständen, ob sich die nach außen gebogene Kante nicht verbogen hat (zum Beispiel durch Berührungen mit dem Fuß oder der Schubkarre) und ob nicht ein Grashalm oder ein Blatt von außen über dem Zaun liegt und so für die Schnecken eine Brücke bildet. Vor allem nach einem Regenguss ist dies oft der Fall.

Schneckenzäune

Eine deutlich bessere Barriere sind Schneckenzäune. Es gibt verschiedene Ausführungen aus Kunststoff, Blech oder Gazedraht. Die Oberkante dieser Schneckenzäune ist um etwa 7 cm im Winkel von 30 Grad nach außen gebogen. Diese Biegung überwinden die Schnecken nicht. Bei **Schneckenzäunen aus Gazegeflecht** erschwert die Trockenheit von der Rückseite des Geflechts zusätzlich das Überwinden des Zaunes. Nachteil dieses Gazegeflechts: Kleine Schnecken bis zu Bleistiftdicke zwängen sich manchmal durch die engen Maschen hindurch. Dennoch hat dieses Material gegenüber den Schneckenzäunen aus Blech zwei große Vorteile: Es ist flexibel, kann also jeder Beetform und -größe angepasst werden, und es fügt sich sehr dezent in den Garten ein. Man übersieht es fast zwischen den vielen anderen Pflanzen.

Eine weitere Form des Schneckenzauns ist ein Kunststoffstreifen, auf dem **elektrische Drähte** installiert sind. Durch eine Batterie sind sie mit niederer Spannung geladen, die den Schnecken bei Berührung einen leichten Stromschlag versetzt.

Bretter und Bierfallen

Oft befinden sich nach dem Aufstellen eines Schneckenzauns innerhalb dieser Abgrenzung noch Schnecken im Beet. Warten Sie also ein wenig mit dem Säen und Pflanzen, bis Sie sicher sind, dass alle Schnecken vom Beet verschwunden sind. Dazu legen Sie am besten **etwas morsche Bretter** auf dem feuchten Boden aus. Die Schnecken verkriechen

Ein Schneckenzaun aus einem Gazedrahtgeflecht lässt sich jeder Beetgröße und -form anpassen.

Unter ausgelegten Bretter verstecken sich die Schnecken am Tag. Dort kann man sie gut einsammeln.

Eine Bierfalle fängt die Schnecken nur auf begrenztem Raum ein. Ein Holzdächlein hält den Regen ab.

sich darunter, sobald der Tag angebrochen ist. Sie brauchen die Tiere dann nur noch abzusammeln. Wenn sich nach täglichen Kontrollen keine Schnecken mehr unter den Brettern einfinden, können Sie davon ausgehen, dass das Beet schneckenfrei ist.

Der Einsatz so genannter **Bierfallen** ist nur innerhalb einer Barriere sinnvoll. Sie senken dazu einen Joghurtbecher bodeneben in die Erde ein, füllen ihn zu etwa einem Drittel mit Bier und schützen das Ganze mit einem dachartig darüber gelegten Brett, damit die Flüssigkeit nicht durch den Regen verdünnt wird. Die Schnecken werden von dem Bier angelockt und ertrinken darin. Außerhalb einer Abgrenzung würde man mit Bierfallen der Invasion nicht Herr werden.

Schneckenkorn?

Das bisher verwendete Schneckenkorn lehnen ökologisch eingestellte Gärtner ab, weil es auch Nützlingen wie Igel, Kröten und manchen Vögeln sowie den Bodenlebewesen schadet. Die Wirkung dieses Schneckenkorns beruht darauf, dass es den Schnecken Feuchtigkeit entzieht und diese dann unter großen Qualen ausschleimen und zu allem Überfluss auch noch hässliche Schleimspuren im Garten hinterlassen.

Seit einigen Jahren gibt es ein **nützlingsschonendes Schneckenkorn** unter dem Namen *Ferramol*, dessen Wirkstoff aus Eisenphosphat besteht, das natürlicherweise auch im Boden vorkommt. Gegenüber dem herkömmlichen hat dieses Schneckenkorn den Vorteil, dass es nicht nur regenfest ist, sondern sogar bei Feuchtigkeit erst seine richtige Wirkung entfaltet. Es weicht auf, ohne zu vergehen und seine Wirkung zu verlieren, und wird so von den Schnecken viel leichter angenommen als im trockenen Zustand. Die Wirkung beruht darauf, dass Schnecken keinen Appetit mehr haben und irgendwo infolge Nahrungsmangel verenden.

Wer aber allein mit diesem Mittel den Garten schneckenfrei halten will, wird bald arm, denn man braucht Unmengen, und in der Regel wandern die Schnecken in den von der Plage heimgesuchten Gärten immer wieder von außen zu. Auch der Einsatz dieses Mittels lohnt sich also nur innerhalb einer Barriere.

Wohin mit den gesammelten Schnecken?

Sammeln Sie die Schnecken regelmäßig ab – wenn Sie genügend Zeit haben, mehrmals am Tag. So reduzieren Sie die Schnecken erheblich. Wichtig ist auch, die Eigelege aufzuspüren und zu vernichten. Sie finden sie von Ende August bis Anfang Dezember. Ein paar ausgelegte morsche Bretter sind hierzu wieder hilfreich, denn darunter legen Schnecken gerne ihre Eier ab, und Sie haben es leichter, die Tiere zu finden.

Die Frage, die oft gestellt wird, lautet: Was tue ich mit den abgesammelten Schnecken? – Es ist eine Gewissensfrage: Manche Naturethiker lehnen das Töten der Tiere ab. Sie bringen sie in den Wald, an einen Wiesenrain oder Ähnliches und setzen sie dort aus. Dieses Verhalten wird aber von Naturschützern verurteilt, weil dadurch die heimische Fauna ins Ungleichgewicht gebracht und verfälscht wird. Die häufigste Nacktschnecke, die Spanische Wegschnecke, die einst aus Spanien zu uns eingeschleppt wurde, wird von den heimischen Gegenspielern wie Igel und Kröte weitgehend verschmäht und kann sich nahezu beliebig vermehren.

Der Igel gilt als eifriger Schneckenjäger. Großen Schneckeninvasionen ist aber auch er nicht gewachsen.

Wenn Sie sich entschließen können, die Schnecken zu töten, überbrühen Sie die in einem Eimer gesammelten Tiere am besten mit kochendem Wasser.

Lebensräume für Nützlinge schaffen

Schaffen Sie auf jeden Fall Lebensräume für Kröten (Teich, Trockenmauer) und Igel (Reisighaufen, Wallhecke), die sich unter anderem auch von Schnecken ernähren. Allerdings dürfen Sie nicht erwarten, dass diese Tiere den ganzen Garten schneckenfrei halten. Der Igel ist ohnehin ein Einzelgänger mit einem großen Revier, und auch Kröten tauchen nicht immer in großer Anzahl auf. Diese Tiere können lediglich dazu beitragen, das Schneckenaufkommen zu verringern.

Laufenten und Seidenhühner als Schneckenjäger

Andere Tiere können Sie gezielt einsetzen, um der Schneckenplage Herr zu werden. Bekannt sind die **Indischen Laufenten** als eifrige Schneckenvertilger. Sie sind relativ anspruchslos und können große Mengen von Schnecken vernichten. Allerdings kann man sie nicht ständig im Garten herumlaufen lassen, weil sie mit der Zeit doch auch Salat fressen und die Erde festtreten.

Problemloser sind die **Chinesischen Seidenhühner**. Sie fressen die Eigelege der Schnecken. Natürlich lassen sich beide Arten nur auf sehr großen Gartenflächen halten. In kleinen Gärten würden sie mangels Auslauf sicher auch Schaden anrichten.

Wühlmäuse

Wühlmäuse, auch Schermäuse genannt, leben unterirdisch und sind mit einer Länge von 20 bis 22 cm den Ratten verwand. Sie graben ein weit verzweigtes Netz von Gängen durch den Gartenboden und ernähren sich ausschließlich vegetarisch von den Wurzeln der Pflanzen. Dadurch können sie nicht nur Salate und Möhren, sondern auch ganze Bäume zum Absterben bringen.

Nicht verwechseln: Wühlmaus und Maulwurf

Nicht miteinander zu verwechseln sind Wühlmäuse und Maulwurf. Der Maulwurf wühlt zwar auch im Boden, ist aber, wenngleich er durch seine aufgeworfenen Haufen sehr lästig werden kann, kein Schädling. Er ernährt sich von Schnecken, Insektenlarven und Würmern, nagt aber niemals Wurzeln an. Im Gegensatz zu den Wühlmäusen, die sich rasend schnell vermehren, lebt der Maulwurf als Einzelgänger. Er steht unter Naturschutz und darf allenfalls vertrieben, nicht aber getötet werden.

Zur Unterscheidung: Maulwurfgänge haben einen flach ovalen, die Wühlmausgänge einen hoch

Wenig bekannt sind die Chinesischen Seidenhühner. Nach der Erfahrung eines Berufsgärtners vertilgen sie Schneckeneier, richten aber keinerlei Schaden in den Kulturen an.

Vor Wühlmausfraß kann man die Pflanzen oft nur durch unterirdische Barrieren schützen.

ovalen, eiförmigen Querschnitt. Da der Maulwurf keine Wurzeln frisst, ragen die feinen Faserwurzeln in die Gänge hinein. Wühlmäuse dagegen fressen diese ab.

Sitzstange für Greifvögel

Bei der Abwehr von Wühlmäusen gilt wie zuvor bei den Schnecken: Nur mehrere miteinander kombinierte Maßnahmen führen zum Erfolg. Zunächst einmal sollten die **natürlichen Feinde gefördert werden**, namentlich Mauswiesel und Greifvögel. Bieten Sie den Greifvögeln eine Sitzstange an, von der aus sie die unterirdischen Wühler jagen können. Die Stange sollte stabil und etwa 2,50 m hoch sein. Am Kopfende befestigt man eine Querstange, auf der sich Bussarde und Eulen gern niederlassen. Graben Sie die Stange mindestens 60 cm tief in den Boden ein, damit sie auch genügend Halt hat. Die Sitzstange können Sie mit zwei Holzschrauben (Spax) auf die Stirnseite der senkrechten Stange schrauben. Für zusätzliche Haltbarkeit sorgen zwei schräge Streben, die etwa 30 cm unterhalb der Sitzstange angeschraubt werden und die Sitzstange stützen – selbstverständlich dürfen die Spitzen der Schrauben nicht aus der Querstange herausragen.

Sinnvoll ist eine Greifvogelstange allerdings nur in einem relativ großen, übersichtlichen Garten. Wo es viele Büsche und hoch wachsende Stauden gibt, geht kein Greifvogel auf Jagd.

Mauswiesel-Unterschlupf

Ein anderer natürlicher Feind der Wühlmäuse ist das Mauswiesel. Schichten Sie an einer entlegenen Gartenecke einen Haufen aus Lesesteinen, also Steinen, die Sie bei der Bearbeitung des Bodens aufgehoben haben, alten Ziegelsteinen, Dachpfannen oder Ähnlichem so auf, dass an seinem Fuß eine Höhle entsteht. Gut eignet sich auch eine Beton- oder Steingutröhre mit 8–10 cm Durchmesser, die mindestens 40 cm weit in den Haufen hineinführt. Natürlich kann man ein Mauswiesel nicht mit Gewalt ansiedeln und an den Garten binden. Aber mit etwas Glück wird dieser Unterschlupf von einem Tier in der Umgebung entdeckt und als ständige Wohnung angenommen.

Nichts gegen Katzen!

Katzen werden von manchen Gartenfreunden geliebt, weil sie auch Mäuse fangen. Andere hassen sie, weil sie auch Singvögel jagen, und nicht zuletzt wegen ihrer Hinterlassenschaften im frisch bereiteten Saatbeet. Ein kräftiges und nicht allzu verwöhntes Tier kann aber auch so mancher Wühlmaus den Garaus machen – ein Grund also, Nachbars Katze durchaus im eigenen Garten willkommen zu heißen, wenn man sich nicht selber ein Tier halten will.

Das Mauswiesel ist neben Greifvögeln der beste Wühlmausjäger. Mit etwas Glück siedelt es sich im Garten an.

Alles, was stinkt

Alle anderen Maßnahmen gegen Wühlmäuse zielen auf Vergrämung und direkten Schutz der Wurzeln ab. Wühlmäuse sind empfindlich gegen unangenehme Gerüche und hohe Töne oder laute Geräusche. Setzen Sie also ein möglichst großes Faß Holunderblätterjauche an, die Sie dann unverdünnt in die Gänge der Tiere gießen. Bevor Sie die Gießkanne ansetzen, sollten Sie versuchen, das Netz der Gänge im Garten zu ergründen, um wenigstens die wichtigsten Tunnel zu treffen. Das Gleiche können Sie mit einer Knoblauchjauche versuchen.

Von Knoblauch bis Wolfsmilch

Umstritten ist die Wirkung von Knoblauchzehen, Kaiserkronen- und Narzissenzwiebeln. In manchen Gärten scheinen sie als Abwehr zu wirken, in anderen müssen die Gärtner feststellen, dass auch die Zwiebeln der Kaiserkronen gefressen werden. Möglicherweise spielt dabei auch die Bodenbeschaffenheit eine Rolle. In leichten, sandigen Böden entwickeln die Zwiebeln ihren strengen Geruch vielleicht stärker und nachhaltiger als in einem schweren Lehmboden, den der Gestank allenfalls wenige Zentimeter durchdringt.

Ebenfalls umstritten ist die Wirkung der Kreuzblättrigen Wolfsmilch *(Euphorbia lathyris)*. Die Wirkung dieser Pflanze soll darauf beruhen, dass Wühlmäuse den Samen dieser zweijährigen

Die Wirkung der Wühlmauswolfsmilch *(Euphorbia lathyris)* ist umstritten. Die zweijährige Pflanze samt sich, einmal angesiedelt, immer wieder selbst im Garten aus.

Pflanze fressen und sich daran vergiften. Ich habe die Kreuzblättrige Wolfsmilch seit fast 30 Jahren in verschiedenen Gärten gehabt, wo sie sich immer wieder selbst ausgesät hat. Probleme mit Wühlmäusen hatte ich nie. Ob ich das der Wolfsmilch zu verdanken habe, kann ich aber nicht sagen.

Nervtötender Lärm für die Wühler

Eine weitere Möglichkeit besteht darin, Flaschen schräg in die Wühlmausgänge einzugraben, sodass beim leisesten Windzug schon ein für die Wühlmäuse unangenehmer Pfeifton entsteht. Oder Sie schlagen einen Eisenstab in den Gang, befestigen oben mit einer Schnur ein weiteres Stück Metall, das dann bei Wind immer wieder gegen den Eisenstab schlägt.

Allerdings könnte natürlich passieren, dass Sie selber von der Geräuschkulisse mehr genervt sind als die Wühlmäuse, die einfach einen neuen Gang graben, um der Geräuschquelle aus dem Weg zu gehen. Dasselbe gilt übrigens auch für die durch eine kleine Solarzelle betriebenen elektrischen Vertreibungsgeräte, auf die manche Gartenfreunde schwören, von denen andere aber enttäuscht sind.

Tödliche Fallen

So bleibt schließlich noch die Wühlmausfalle. Verwenden Sie eine Kastenfalle, in die ein frischer Köder gelegt und die dann in einen Wühlmausgang gestellt und gespannt wird. Fassen Sie den Köder und die Falle nur mit Handschuhen an, sodass die Tiere keinen menschlichen Geruch wittern. Am wirkungsvollsten ist die Wühlmausjagd im Frühjahr, wenn die Tiere hungrig sind und bevor sie sich vermehren.

Mit Kastenfallen wie diesen lassen sich Wühlmäuse am besten fangen. Allerdings müssen sie sehr sorgfältig und immer wieder neu aufgestellt werden.

Unterirdischer Schutz

Am wirkungsvollsten ist sicher der Schutz einzelner Pflanzen und Beete. Ein Hochbeet oder Hügelbeet sollten Sie am Boden mit Gittersteinen pflastern, die auf Höhe des Erdbodens abschließen. In der Pflanzgrube von Gehölzen legen Sie einen Kükendraht aus, der bis zur Oberfläche reicht.

Die Pflanzkörbe aus Plastik für Blumenzwiebeln sind wirkungslos, weil sich die Tiere dort durchbeißen. Empfehlenwerter ist auch hier ein Kükendraht, oder Sie pflanzen die Zwiebeln in Tonschalen oder Tontöpfe, die Sie bodeneben einsenken. Da die Tiere ja nur von unten angreifen, sind die Pflanzen durch die Oberfläche kaum gefährdet.

Maulwurfsgrillen oder Werren

Diese Bodeninsekten können meistens in leichtem, oft sandigem Boden zur Plage werden. Die 3,5–5 cm langen Tiere graben unterirdische Gänge und fressen die Wurzeln der Pflanzen ab. Da es kaum eine Möglichkeit der Abwehr gibt, sind der Schutz und die Förderung der natürlichen Feinde wie Stare, Amseln, Spitzmäuse und dem Maulwurf besonders wichtig. Werren aufzuspüren bereitet Mühe. Wenn Sie einen Salatkopf mit abgefressenen Wurzeln entdecken, hilft nur, den Gang zu verfolgen, bis Sie auf ein Nest stoßen und die Eigelege vernichten können.

Ameisen

Diese Krabbeltiere sind eigentlich nur indirekt Schädlinge, denn sie schädigen weder Blätter noch Wurzeln. Allerdings pflegen und melken sie die Blattläuse, die ihrerseits erheblichen Schaden anrichten können. Zur Abwehr gibt es wiederum allerlei Hausmittel, die die Plage etwas verringern können.

Sorgen Sie vor allem für einen feuchten Boden, in dem sich die Ameisen nicht so wohl fühlen. **Lavendel**, als kleine Hecke gepflanzt oder abgeschnitten in die Straßen der Ameisen gelegt, trägt ebenfalls zur Abwehr bei – vorausgesetzt, der Lavendel wurde nicht zu üppig ernährt, ist also eher auf kargem Boden herangewachsen, wo er sein Aroma so richtig entfaltet. Auch **Thymian** und **Farnkraut** um die gefährdeten Pflanzen gelegt, ein Glas mit etwas Honig zur Ablenkung aufgestellt oder ein Guss Rainfarn- oder Wehrmutjauche auf die Ameisenstraßen gegossen, tragen zur Abwehr bei. Direkt abwehren können Sie die Tiere, indem Sie die Nester aufspüren und ausheben. Oder Sie stellen auf die Kreuzungspunkte der Ameisenstraßen je einen umgestülpten Blumentopf. Darunter bauen die Ameisen ihre Nester. Sie brauchen dann nur noch den Blumentopf mit dem Nest aus Ihrem Garten zu tragen.

Werren, auch Maulwurfsgrillen genannt, sind schwer zu vertreiben. Durch in den Boden eingesenkte Weckgläser lassen sich einige Exemplare fangen.

Tipp

Wollen Sie einen ganzen Gartenbereich vor Wühlmäusen schützen, so müssen Sie rundum etwa 60 cm tief einen senkrechten Kükendraht in den Boden eingraben.

Vögel

Unsere gefiederten Freunde sehen wir so lange gern in unserem Garten, wie sie fröhlich zwitschern und Blattläuse vertilgen. Wühlen sie aber im Saatbeet oder machen sich gar über Kirschen und Johannisbeeren her, ist's mit dem Spaß vorbei.

Es gibt lustige **Vogelscheuchen**, die die Vögel so lustig finden, dass sie sich mit der Zeit darauf niederlassen. Alustreifen oder ähnlich glitzernd Bewegliches in den Kirschbaum gehängt, vermag einen Teil der Tiere abzuhalten.

Schutz durch Netze

Am wirksamsten aber ist ein Netz, das man über die gefährdeten Beerenobststräucher, über Weinspaliere oder auch Gemüsebeete spannt. Einzelne Sträucher werden einfach umhüllt. Stehen mehrere Sträucher zusammen, so können Sie einige Pfähle in den Boden schlagen, die Köpfe der Pfähle mit Latten verbinden und darüber das Netz ausbreiten. Dies hat zudem den Vorteil, dass Sie leicht unter das Netz langen können, um etappenweise zu ernten. Wichtig: Wählen Sie ein kleinmaschiges Netz, in dem sich die Vogel nicht verfangen und erdrosseln können. Aus demselben Grund muss das Netz auch so dicht schließen, dass die Vögel nicht ins Innere der Abdeckung gelangen können. Sie erdrosseln sich dann nämlich bestimmt, wenn sie den Weg zurück nach draußen suchen. Bei einem Lattengestell können Sie das Netz mit Balken oder Eisenstangen auf dem Boden beschweren. Bei einem Strauch sind Wäscheklammern recht brauchbare Verschlussmittel.

Sobald die Früchte reifen und sich färben, sind die Amseln zur Stelle. Ein Vogelschutznetz hilft, es muss jedoch sorgfältig angebracht werden.

Jauchen, Brühen und Tees

Pflanzen enthalten alle Nährstoffe und auch alle Abwehrstoffe, die sie brauchen. Deshalb ist es nahe liegend, diese zur Ernährung und zur Stärkung der Widerstandskraft anderer Pflanzen einzusetzen. Im Grunde geschieht dies bereits bei der Kompostierung. Sie können aber auch die Inhaltsstoffe mit Wasser aus den Pflanzen herauslösen. Dazu gibt es verschiedene Grundrezepte:

Jauche

Bei dieser Methode seiht man das Kraut nicht ab, sondern lässt das Ganze in der Sonne gären. Jeden Tag wird der Ansatz einmal kräftig umgerührt. Zur Geruchsbindung kann man Gesteinsmehl auf die Oberfläche streuen und einige Tropfen Baldrianextrakt in die gärende Jauche träufeln. Wenn diese Mischung nicht mehr aufschäumt (je nach Witterung nach 1–2 Wochen) und sich die Kräuter im Wasser weitgehend aufgelöst haben, ist die Jauche gebrauchsfertig.

Im Verhältnis 1 : 10 mit Wasser verdünnt, wird diese Mischung in den Wurzelbereich der Pflanzen gegossen. Auf diese Weise können Sie Brennnesseljauche und Beinwelljauche ansetzen.

Brennnesseln enthalten Stickstoffverbindungen, aber auch andere das Wachstum fördernde Stoffe. Man gießt mit Brennnesseljauche vor allem während der Wachstumsphase der Pflanzen, also die jungen Salat- und Kohlsetzlinge, die heranwachsenden Tomaten-, Gurken- oder Zucchinipflanzen. Insbesondere wenn das Wachstum aufgrund der Witterung stockt, können wiederholte Düngungen mit Brennnesseljauche im Abstand von ein bis zwei Wochen den Pflanzen wieder Auftrieb geben. Sobald Salat und Kohl Köpfe bilden, Tomaten und Gurken Früchte ansetzen, stellt man die Brennnesselgüsse ein, um Nitratbelastungen zu vermeiden.

Beinwell enthält vor allem Kalium. Dieses Element festigt die Pflanzenzellen. Man gießt deshalb mit Beinwelljauche, wenn das Wachstum der Pflanzen weitgehend abgeschlossen ist, um deren Widerstandsfähigkeit zu fördern. Allerdings sind viele Böden reichlich mit Kalium versorgt, sodass diese Düngung nicht nur überflüssig ist, sondern sich eventuell sogar nachteilig auswirken könnte. Denn zu viel Kalium bindet auch andere Nährstoffe im Boden, die dann der Pflanze nicht zur Verfügung stehen.

Gärende Jauche

Eine weitere **Variante der Brennnesseljauche** besteht darin, die gärende Jauche (zu erkennen am starken Schäumen an der Oberfläche) im Verhältnis 1 : 50 (!) zu verdünnen und mit einem Spritzgerät gegen Blattläuse über die Pflanzen sprühen. Dieses Mittel zeigt mehr Wirkung, ist aber mit Vorsicht zu handhaben, weil die gärende Brühe Schäden auf den Blätter verursachen kann. Also nicht bei Sonnenschein sprühen. Die zuvor beschriebene Brennnesseljauche dient nur der Düngung und Kräftigung der Pflanzen. Sie wird nie über die Pflanzen gesprüht, sondern immer in den Wurzelbereich gegossen.

Brühe

Manche Substanzen, die anderen Pflanzen Nutzen bringen, lassen sich nur schwer aus bestimmten Wildkräutern lösen. Deshalb weicht man das Kraut eine Nacht lang in Wasser ein und kocht das Ganze am nächsten Tag eine halbe Stunde lang auf. Je nach Art

Jauchen können aus allen Wildkräutern angesetzt werden. Brennnesseljauche etwa liefert Stickstoff.

wird die so entstandene Brühe dann zum Gebrauch in einem bestimmten Verhältnis verdünnt.

Schachtelhalmbrühe gegen Mehltau

Schachtelhalm, und zwar nur der Ackerschachtelhalm, enthält im hohen Maß Kieselsäure. Er wird im August gesammelt, denn zu diesem Zeitpunkt hat er am meisten davon eingelagert. Eingesetzt wird die verdünnte Ackerschachtelhalmbrühe **gegen Pilzkrankheiten aller Art**, vor allem aber gegen Mehltau. Über die Blätter versprüht, erzeugt die Kieselsäure auf den Blattoberflächen ein Milieu, in dem die Schadpilze nicht mehr gedeihen können. Auf den Boden in den Wurzelbereich der Pflanzen gegossen, kräftigt das Mittel die Pflanzenzellen und macht sie von innen heraus widerstandsfähig.

Tee

Hierbei verwendet man die Blüten oder Blätter und übergießt sie mit kochendem Wasser, lässt das Ganze 15–20 Minuten ziehen und seiht es anschließend ab. Der abgekühlte Tee wird je nach Rezept verdünnt und über die Pflanzen gesprüht.

Anwendung der Hausmittel

Derartige Hausmittel lassen sich als Kaltwasserauszug, Brühe, Tee oder Jauche aus sehr vielen Wild- und Kulturpflanzen herstellen. Alle diese Mittel haben keine tödliche Wirkung für Krankheiten und Schädlinge, sondern wehren sie sanft ab oder stärken die

Ackerschachtelhalm wird im August gesammelt und über Nacht in einem Eimer eingeweicht.

Gegen die Krautfäule bei Kartoffeln kann man vorbeugend Gesteinsmehl über das Kraut stäuben.

Widerstandsfähigkeit der Pflanzen. Vor allem gegen Pilzkrankheiten sollten sie vorbeugend eingesetzt werden. Wenn Sie mit diesen Hausmitteln experimentieren möchten, so sei Ihnen das Buch *Pflanzenschutz im Biogarten* von Marie-Luise Kreuter empfohlen (BLV Verlag). Dort finden Sie ausführliche Beschreibungen und Rezepte für Jauchen, Brühen und Tees aus einer Vielzahl verschiedener Pflanzen.

Jauchen werden ausschließlich mit der Gießkanne ohne Brause im Wurzelnbereich ausgebracht. **Kaltwasserauszüge,** Brühen und Tees sprüht man über die Blätter und unterstützt so deren Widerstandskraft (ausgenommen Schachtelhalmbrühe, die man sowohl auf die Blätter sprühen als auch in den Wurzelbereich der Pflanzen gießen kann, sodass die Wurzeln die Kieselsäure aufnehmen und die Pflanzenzellen von innen heraus stärken).

Zum Sprühen verwendet man eine **Pflanzenschutzspritze.** Je nach Gartengröße reicht eine kleine Luftdruckspritze mit 1–2 l Fassungsvermögen, oder Sie brauchen eine Rückenspritze, die 10 l fasst. Jauche und Tee müssen gut abgeseiht werden, damit die Düse der Spritze nicht verstopft. Manche Spritzen sind eigens für solche Pflanzenschutzbrühen mit einem speziellen Siebeinsatz versehen, durch die die verdünnte Brühe oder der Tee gegossen werden. Empfehlenswert ist es auch, eine eher grobe Düse zu verwenden. Gesprüht wird weder bei Sonnenschein noch bei Wind und Regen, sondern vor oder nach Sonnenaufgang oder bei bedecktem Himmel.

Stäuben

Manchen Krankheiten und Schädlingen kann man auch mit **Gesteinsmehl** vorbeugen. Es enthält Kieselsäure, verändert den pH-Wert auf den Blättern und verdirbt aufgrund seiner staubigen Beschaffenheit Blattläusen und anderen Mitessern im Garten den Appetit.

Verwenden Sie das Gesteinsmehl in seiner feingemahlenen Form und füllen Sie es in einen kleinen Leinenbeutel. Diesen Beutel halten Sie bei windstillem Wetter dicht über die Blätter und klopfen mit der anderen Hand leicht dagegen, bis die Blattoberflächen ganz mit Staub eingedeckt sind. Auf diese Weise können Sie der **Braun- und Krautfäule** bei Tomaten und **Kartoffeln** vorbeugen, den **Kartoffelkäfer** abwehren und außerdem auch **Blattläusen** den Garaus machen.

Auf einen Blick

- Nacktschnecken können nur durch eine Kombination verschiedener Maßnahmen abgewehrt werden.
- Schneckenzäune müssen sorgfältig installiert werden.
- Schaffen Sie Lebensräume für Amphibien und Igel. Diese Tiere gehen auf Schneckenjagd.
- In großen ländlichen Gärten können Laufenten und Seidenhühner die Schnecken in Schach halten.
- Wichtig: Maulwurf und Wühlmaus voneinander unterscheiden. Der Maulwurf ist ein nützliches Tier und steht unter Naturschutz.
- Gestank und Lärm vertreiben Wühlmäuse nur bedingt aus dem Garten. Am wirkungsvollsten sind Wühlmausfallen.
- Stellen Sie Greifvogelstangen auf und schaffen Sie einen Unterschlupf für das Mauswiesel. Beide sind wirkungsvolle Helfer im Kampf gegen Wühlmäuse.
- Maulswurfsgrillen sind nur zu bekämpfen, indem man ihre Nester aufspürt und vernichtet.
- Mit verschiedenen Jauchen, Brühen und Tees lassen sich Blattläuse vertreiben und der Befall an Pilzkrankheiten mildern.

Handwerk im Garten

Bevor Sie in einem neuen Garten mit dem Säen und Pflanzen beginnen, muss erst die Terrasse angelegt, müssen Wege gepflastert, ein Zaun gezogen und vielleicht auch schon ein Teich ausgehoben werden. Diese baulichen Arbeiten verlangen sorgfältiges Messen, Planen und manchmal sogar ein wenig Mathematik. Selbst der Mutterboden kann nicht einfach planlos aufgetragen werden.

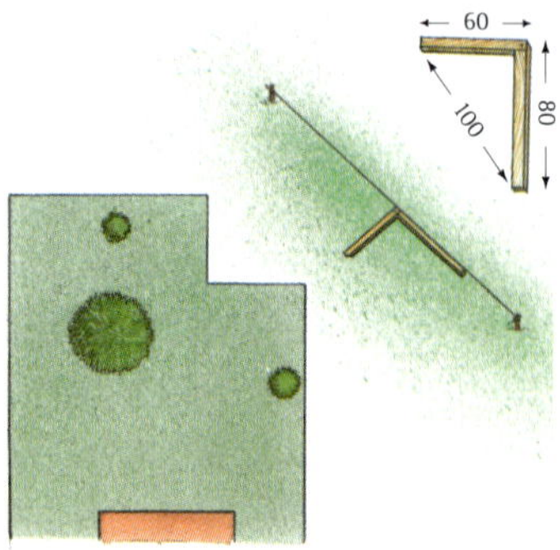

Mit Hilfe einer durch den Garten gespannten Schnur und eines rechten Winkels lassen sich alle markanten Punkte im Garten einmessen und in den Gartenplan übertragen. Zum Messen dienen ein Zollstock und bei größeren Entfernungen ein Maßband.

Bestandsaufnahme

Planen Sie Ihren Garten selbst, so müssen Sie erst einmal eine Bestandsaufnahme machen. Messen ist aber auch dann unumgänglich, wenn Ihnen ein Gartenfachmann einen Plan angefertigt hat, den Sie eigenhändig in die Tat umsetzen wollen.

Zu einer umfassenden Bestandsaufnahme brauchen Sie einen Zollstock, ein Maßband, eine Wasserwaage und viele Pflöcke zum Abstecken. Die Pflöcke können Sie sich leicht selber aus Dachlatten anfertigen, indem Sie die Latten in 30 oder 50 cm lange Stücke zersägen und die unteren Enden jeweils spitz zuschneiden.

Messarbeiten

Zum Messen brauchen Sie einige Bezugspunkte, von denen aus Sie die Elemente des Gartens einmessen und auf die Sie im Zweifelsfall immer wieder zurückgreifen können. Dies müssen feste, unveränderliche Punkte sein, zum Beispiel eine Hausecke, ein Zaunpfahl oder ein Grenzstein. Am einfachsten ist die **Dreiecksmessung**. Steht zum Beispiel mitten im Garten ein Baum, so messen Sie ihn von drei Fixpunkten ausgehend ein. Haben Sie diese Maße notiert, ist dieser Baum fixiert, und Sie können ihn nach Ihrer Skizze mit den Maßen genau an der richtigen Stelle in den Grundrissplan Ihres Gartens einzeichnen. Auf diese Weise lassen sich mehrere markante Punkte Ihres Gartens feststellen.

Sollten die Gegebenheiten auf Ihrem Grundstück komplizierter sein, so empfiehlt es sich, nach dem **Rechtwinkelverfahren** zu messen. Wie Sie vielleicht noch aus dem Geometrieunterricht in der Schule wissen, stehen die Seitenlängen eines idealen rechtwinkligen Dreiecks nach Pythagoras im Verhältnis 3:4:5. Die Bauleute haben dieses Verhältnis in die praktikablen Maße 60:80:100 cm umgewandelt. Das heißt: Ist der eine Schenkel des Winkels 60 cm, der andere 80 cm lang, so muss der diagonale Abstand zwischen den beiden Schenkelenden 100 cm betragen, wenn der Winkel ein rechter sein soll. Der rechte Winkel bildet also die Grundlage für das Messverfahren.

Als Bezugslinie kann die Grundstücksgrenze, eine Hauswand oder eine andere bereits vorhandene Linie gelten. Oder Sie spannen eine Schnur durch den gewünschten Gartenbereich, die dann als Bezugslinie dient. Eines ihrer Enden legen Sie als Nullpunkt fest. Von dort aus rollen Sie das Maßband entlang der Bezugslinie aus. Nun können Sie entlang dieser Linie rechts oder links an entsprechender Stelle den rechten Winkel anlegen. Notieren Sie die auf dem Maßband abgelesene Länge und messen Sie dann im rechten Winkel dazu den gewählten Punkt ein. Auf diese Weise können Sie alle markanten Punkte rechts und links der Bezugslinie erfassen.

Höhenmessung

Vor allem in einem Hanggarten, in dem Sie Böschungen modellieren, Stützmauern einbauen und Höhenunterschiede mit Treppen überwinden müssen, brauchen Sie auch eine Höhenmessung. Als Bezugshöhe dient die Fußbodenoberkante (FOK) im Erdgeschoss des Hauses, die Sie gleich null setzen.

Die für den Laien praktikabelste Messmethode ist die so genannte **Staffelmessung**. Dazu wird auf der Kante eines geraden Bretts eine Wasserwaage befestigt. Ein Ende des Brettes legt man an die Bezugshöhe an, am anderen Ende wird ein Pflock so weit eingeschlagen, dass das Brett in Waage liegt (alternativ markiert man die Höhe mit einem Strich am Pflock). So kann man gestaffelt den Hang hinab oder hinauf messen.

Eine Möglichkeit, unterschiedliche Höhen im Garten zu ermitteln, ist die Staffelmessung. Mit Hilfe eines geraden Bretts und einer Wasserwaage misst man die Geländehöhen in gleichen Abständen hangauf oder hangabwärts.

Sorgfältiges Notieren der Abstände und der Höhenunterschiede ist unerlässlich. Alle über der Ausgangshöhe gemessenen Maße werden mit einem Pluszeichen, alle darunter liegenden Maße mit einem Minuszeichen eingetragen. Diese gemessenen Höhenmaße können Sie direkt ihn Ihren Plan eintragen.

Haben Sie von der gleichen Bezugshöhe auf verschiedenen Wegen die Höhen gemessen und eingetragen, verbinden Sie auf Ihrem Plan die gleichen Höhen mit einer gestrichelten Linie zu Höhenschichtlinien.

Mit diesen einfachen Messmethoden können Sie die Terrasse, den Verlauf der Wege, Treppen und Stützmauern genau festlegen.

Tipp

Zimmern Sie sich aus zwei Dachlattenstücken einen rechten Winkel mit einem 60 cm und einem 80 cm langen Schenkel, deren Enden genau 100 cm voneinander entfernt sein müssen. Diesen Winkel können Sie überall an eine Bezugslinie anlegen.

Bauen mit Holz

Holz ist einer der billigsten Baustoffe im Garten. Nicht selten bekommen Sie ihn sogar kostenlos als Abfall. Zweifelsohne bereitet die Verwertung von Abfallholz mitunter mehr Arbeit. Aber dieser Mehraufwand lohnt sich oft, vor allem dann, wenn Sie ohnehin nur vorübergehende Lösungen suchen.

Wo bekomme ich Baumschnittholz?

In vielen Gemeinden werden zweimal pro Jahr Sammlungen von Gartenabfällen durchgeführt. Der Anteil an dicken abgesägten Ästen, manchmal sogar gefällten Bäumen ist nicht gering. Ebenso gibt es Schnittholz bei dem Freischneiden von Eisenbahnböschungen oder den Rändern von Wirtschaftswegen. Auch beim Auslichten des Waldes fällt Stangenholz an, das sich im Garten gut verwenden lässt. Eine Anfrage bei der zuständigen Dienststelle genügt (vielleicht müssen Sie eine geringe Gebühr für einen »Holzsammelschein« entrichten), und Sie können sich mit dem benötigten Material eindecken. Aus geraden Stämmen ebenso wie aus knorrigen Abfallstücken und nicht zuletzt auch aus Reisig lassen sich Abgrenzungen herstellen und sogar kunstvoll gestalten.

Balken, Bretter und Paletten

Eine billige Möglichkeit, an Holz zu kommen, ist gebrauchtes Material. Bretter und Balken, Kisten und Holzpaletten werden überall ausrangiert und landen dann meistens auf der Baustoffdeponie. Schade drum, denn oft braucht man nur die ausgesplitterten oder abgebrochenen Enden der Balken oder Bretter abzusägen, ein zerbrochenes Brettchen der Palette gegen ein ganzes auszutauschen, und schon lassen sich ohne besonderes handwerkliches Geschick die herrlichsten Dinge für den Garten basteln. Natürlich muss das Holz noch einwandfrei, also frei von Holzwurm, Pilzen oder Fäulnis, sein.

Wer Größeres vorhat, muss einige Zeit lang Hölzer sammeln, bis er die benötigte Menge zusammenhat. Am besten lagert man sie auf Ziegelsteinen oder quer gelegten Balken, damit sie nicht mit dem Boden in Berührung kommen. Zwischen jede Lage des Stapels werden wiederum zwei Latten oder dünne Hölzer gelegt, sodass die Luft hindurchstreichen kann. Ideal ist es, wenn der Holzstapel unter einem Dachvorsprung Platz findet. Andernfalls muss die oberste Lage mit Wellblech oder Ähnlichem abgedeckt werden, zur Not auch mit einer Folie.

Parkett aus Paletten

Alle Teile, die mit dem Boden in Berührung kommen, sollten nicht mit umweltschädigenden Lacken oder Imprägnierungen versehen sein. Sägen Sie außerdem die Enden der Bretter und Balken dort ab, wo es keine Spalten, Risse, Einkerbungen oder dergleichen gibt. Anders ausgedrückt: Von den Rissen oder Spalten darf am Holz, das Sie verwenden wollen, nichts mehr übrig bleiben.

Paletten lassen sich wie ein **Gartenparkett** auslegen. Man breitet auf der Fläche darunter eine 5–10 cm dicke Schicht Kies aus und zieht sie glatt, sodass auch die Paletten gerade liegen. Voraussetzung ist nur, dass die Spalten zwischen den Palettenbrettern nicht zu groß sind. Die Paletten müssen aneinander stoßen, ohne Stolperkanten zu bilden. Deshalb ist es wichtig, den Unterbau aus Kies so lange zu glätten, bis die Paletten alle in Waage und auf gleicher Höhe liegen.

Mit Balken und Brettern lassen sich auch von handwerklich wenig geübten Gartenfreunden Sitzplätze bauen.

Die Möglichkeiten, **Holzwälle, Zäune** oder sogar Schuppenwände zu errichten, sind so groß und vielfältig, dass sie hier nicht aufgezählt werden können. Lassen Sie sich einfach von Ihrer Fantasie leiten. Ergänzend brauchen Sie oft nur ein paar Pfähle und Latten, um die Paletten miteinander zu verbinden und Ihrer Konstruktion Halt zu geben.

Bretterwege

Vor allem in einem jungen Garten, über dessen endgültiges Konzept Sie selber noch keine Klarheit gewonnen haben, bietet es sich an, Bretter auszulegen. Einziger Nachteil der Wegebeläge aus Holz: Bei Nässe werden sie leicht rutschig, und bei Glatteis ist es schon sehr gefährlich, auf ihnen zu gehen. Deshalb eignen sie sich nicht unbedingt für den Eingangsweg des Gartens, sondern eher für Bereiche, die Sie zur kalten Jahreszeit nicht unbedingt betreten müssen.

Natürlich können Sie die Bretter einfach auf den zuvor geglätteten Boden platzieren. Dann beginnen Sie aber innerhalb eines Jahres zu faulen. Legen Sie aber darunter in gewissen Abständen Steine aus,

Holzwege und Stege sind eine schnelle und preiswerte Lösung, um Wege durch den Garten anzulegen. Sie passen vor allem auch in Naturgärten.

sodass Luft unter den Brettern hindurchstreichen kann, können Sie die Lebensdauer der Bretterwege auf drei oder vier Jahre ausdehnen. Sind die Bretter zu schmal für einen Weg, verbinden Sie sie in gewissen Abständen durch Querhölzer, die sie unter die Bretter legen und von oben festnageln.

Einfache Holzverbindungen

Die einfachste Art, zwei Hölzer miteinander zu verbinden, ist das **Nageln.** Legen Sie die Bretter zunächst in der gewünschten Verbindung aus und messen Sie mit dem Zollstock ihre Stärke. Die Nägel sollten beide Hölzer ausreichend durchdringen, jedoch mit ihren Spitzen nicht mehr aus dem Holz herausschauen. So vermeiden Sie Verletzungen und sparen sich das Krummklopfen der herausragenden Spitzen. Dicke Bretter von 1,2–2 cm und mehr, die auf ein Vierkantholz von vielleicht 6 cm genagelt werden sollen, brauchen auch einen dicken Nagel. Verwenden Sie jedoch dünne Kistenbretter, so laufen Sie Gefahr, mit einem zu dicken Nagel die Bretter zu zersplittern.

Nägel und Schrauben

Mit einem Nagel an jedem Ende können Sie ein Brett kaum richtig fixieren. Meistens sind zwei oder sogar drei Nägel pro Brettende erforderlich.

Nagelverbindungen reichen für die groben Bauwerke im Garten meistens aus.

Holzschrauben sind nicht nur eleganter, sie geben der Verbindung auch mehr Halt, vor allem dort, wo die Beanspruchung durch Zug und Druck oder durch Bewegung des Holzkörpers besonders groß ist. Während man früher vorbohren und dann die Holzschraube mit einem Schraubenzieher ins Holz drehen musste, gibt es heute Akkuschrauber, mit denen man so genannte Spax leicht ins Holz bohren kann. Wichtig auch bei Schrauben: Sie dürfen nicht mit der Spitze aus dem Holz herausragen. Zeichnen Sie sich gegebenenfalls mit Hilfe eines Winkels und des Zollstocks die Löcher an, um die Schrauben an geeigneter Stelle hineinzuschrauben.

Am einfachsten ist es, Vierkanthölzer, also Balken oder Latten mit quadratischem oder rechteckigem Querschnitt aufeinander zu legen und miteinander durch Nägel oder Schrauben zu verbinden. Meistens geschieht dies im rechten Winkel, den Sie vorher anlegen und mit dem Bleistift anzeichnen sollten. Arbeiten Sie allein, so ist es meist unumgänglich die Holzteile zunächst mit Schraubzwingen aneinander zu befestigen, bis die Nägel eingeschlagen oder die Schrauben hineingedreht sind.

Tipp !

Schlagen Sie die Nägel nicht senkrecht hinein, sondern etwas schräg gegeneinander. So bekommen die Bretter mehr Halt.

Stabilität gefragt?

Verlangt Ihr Holzbauwerk eine gewisse Stabilität, so sollten sich die Holzteile gegenseitig Halt geben. Eine einfache Konstruktion ist die Kombination von Pfosten, Unterzügen (Pfetten) und Auflagehölzern. Damit können Sie Pergolen ebenso bauen wie Geräteschuppen oder Gartenlauben.

Besondere Stabilität erhält das Holzbauwerk, wenn Sie die Pfetten doppelt anbringen, sodass sie die Pfosten von beiden Seiten umschließen. Bei einer Pergola werden oben die Auflagehölzer aufgeschraubt oder genagelt, bei einem Schuppen vielleicht schon die Bretter fürs Dach. Auch die Bretter für die Wände können dann seitlich an die Pfetten angenagelt werden.

Schraubverbindungen

Bei besonders belasteten Konstruktionen wie zum Beispiel Pergolen, Carports oder Kinderspielgeräten ist es manchmal sinnvoll, Balken und Bretter mit **Schlüsselschrauben** zu verbinden. Dazu befestigt man die beiden zu verbindenden Holzteile zunächst mit Schraubzwingen oder einem Nagel. Anschließend bohrt man durch beide Teile ein Loch, durch das die Schraubachse leicht hindurchpasst. Sowohl am Schraubenkopf als auch an der Schraubenmutter wird eine Unterlegscheibe eingelegt, die verhindert, dass sich die Schrauben beim Festziehen zu tief ins Holz eingraben. **Flügelschrauben** sind zwar einerseits praktisch, weil man für sie keinen Schlüssel benötigt. Müssen sie aber besonders fest gezogen oder später einmal gelöst werden, lässt sich dies mit der bloßen Hand nur schwer durchführen. Mit einem Drehmomentschlüssel eine **Sechskantmutter** anzuziehen oder zu lösen ist dagegen ein Kinderspiel.

Tipp

Eine Möglichkeit, Holzwänden besondere Haltbarkeit zu verleihen, besteht darin, auf die erste Lage senkrecht oder waagerecht angebrachter Bretter eine zweite mit diagonal angeordneten Brettern aufzunageln. Das sieht nicht nur elegant aus, es schließt auch lange Ritzen zwischen den Brettern und verleiht der Konstruktion höchste Stabilität.

Bündige Übergänge

Bei den bisher beschriebenen Konstruktionen wurden zwei Holzteile jeweils nur aufeinander genagelt oder geschraubt. Eleganter sind natürlich Holzverbindungen, die bündig ineinander übergehen.

Dazu kann man die Hölzer beispielsweise schräg anschneiden oder jeweils einen Teil des Holzes ausklinken, sodass die miteinander verbundenen Hölzer nahtlos ineinander greifen. Dazu sind allerdings sehr sorgfältiges Arbeiten und geeignetes Werkzeug erforderlich. Mit einer Stichsäge ist dies kaum zu schaffen. Wollen Sie Verbindungsschrauben im Holz versenken, so ist auch dazu ein spezieller Fräskopf erforderlich, mit dem Sie das Holz so tief einfräsen, dass der Schraubenkopf und die Schraubenmutter darin verschwinden, Sie die Mutter aber noch bequem mit dem Drehmomentschlüssel festziehen können.

Mit wenigen Vierkantleisten und ein paar Schrauben aus dem Baumarkt ließ sich diese Weinlaube auf dem Balkon errichten.

Zäune selbst gebaut

Zäune aus Gehölzschnitt

Soll ein Zaun nur als vorübergehender Schutz für eine neu gepflanzte Hecke dienen, der dann, wenn die Sträucher dicht zusammengewachsen sind, überflüssig wird, bieten sich Äste und Zweige an, die, wenn nicht im eigenen, so doch in anderen Gärten beim Gehölzschnitt anfallen. Empfehlenswert sind nicht allzu mächtige Zäune von weniger als 1 m Höhe.

Wählen Sie die Länge der Pfosten so, dass sie mit einem Drittel ihrer Länge im Boden verankert sind. Graben Sie ein Loch, in das Sie die Pfosten senkrecht hineinstellen und noch 20–30 cm tief einschlagen. Rund um den Pfahl füllen Sie das Loch anschließend mit Kieselsteinen auf, damit das Regenwasser abfließen kann. Eine 10–15 cm dicke Schicht aus gestampftem Magerbeton gibt dem Pfosten zusätzlich Halt – bei einem provisorischen Zaun ist dies aber nicht unbedingt nötig.

Pfostenvarianten

Mit den Pfosten erhält der Zaun seine Verankerung im Boden, seine Stabilität. Die Pfosten sind allerdings auch am stärksten der Verwitterung ausgesetzt. Der **kritische Punkt** liegt genau am Übergang des oberirdischen Teils zum Boden.

In der Erde verrottet das Holz nur sehr langsam, es kann dort zehn Jahre und länger halten. Der oberirdische Teil trotzt auch ohne Imprägnierung Sonne und Regen, Schnee und Frost über einen längeren Zeitraum. Eine Imprägnierung ist also gar nicht unbedingt erforderlich, sie dringt auch nur in den Splintholzteil, also kaum zwei Zentimeter tief ein. **Kesseldruckimprägnierung** ist wegen des Schwermetallgehalts sogar schädlich. Die abgefaulten Pfosten müssen dann auf dem Sondermüll entsorgt werden.

Am Übergang in den Boden greifen Feuchtigkeit im Wechsel mit Trockenheit sowie Bodenfrost besonders stark an. An dieser Stelle muss folglich für einen guten Wasserabzug gesorgt werden.

Selbstverständlich hängt die Haltbarkeit der Pfosten auch vom Material ab. Ausgesprochen haltbar sind **Harthölzer wie Eiche oder Robinie**, unter den Nadelhölzern **Lärche**. Diese Hölzer halten ohne jede Behandlung mindestens so lange wie kesseldruckimprägniertes Kiefernholz.

Wer Feuchtigkeit vom Pfosten fern halten will, wählt am besten einen **Einschlaganker** aus feuerverzinktem Stahl. Diese Lösung ist zwar nicht billig, aber äußerst praktisch und haltbar. Man braucht kein Loch auszuheben

Ein Zaun aus schlichten Rundhölzern ist eine der ältesten Zaunformen, ist leicht zu errichten und passt vor allem zum ländlichen Hausgarten.

Tipp

Kokeln Sie den unteren Teil der Pfosten am offenen Feuer an. Auf diese Weise schaffen Sie eine natürliche Imprägnierung, die den Pfosten länger vor Fäulnis schützt als jedes Imprägniermittel.

und verzichtet auf Beton. Der Anker wird einfach so in den Boden geschlagen, dass nur noch der Schuh für den Pfosten herausragt. Dort stellt man den Pfosten hinein, richtet ihn senkrecht aus und befestigt den Schuh anschließend mit einer Schraube.

Weidenzäune

Biegsame Ruten von Weiden, aber auch von Hasel, Schneeball und anderen Gehölzen lassen sich gut als Flechtwerk verwenden. Bei Weiden bietet sich als Alternative ein **lebender Zaun** an, bei dem frische Ruten mindestens 40 cm tief in den Boden gesteckt werden, Wurzeln bilden und oberirdisch austreiben. Diese lebenden Zäune werden schließlich wie eine Hecke geschnitten. Bei **nicht lebenden Weidenzäunen** verwendet man ebenfalls frische, also noch biegsame Ruten, die jedoch nicht mit dem Boden in Kontakt kommen. Die Pfosten bestehen entweder aus einem anderen abgelagerten Holz (siehe oben), oder man verwendet frische Weidenäste ab 6 cm Durchmesser, die ebenfalls Wurzeln bilden und austreiben. Vorteil solcher Pfosten ist, dass sie ewig halten. Man muss lediglich den Austrieb von Zeit zu Zeit zurückschneiden.

Einschlaganker aus verzinktem Stahl sind eine teure, aber dauerhafte Verankerung von Pfosten.

Zum **Flechten** braucht man drei Pfosten, um die die Ruten waagerecht geflochten werden. Eine andere Variante ist der Flechtzaun, bei dem die Ruten senkrecht um drei Querstreben geflochten werden.

Runde oder halbrunde Zaunhölzer

Unsere deutsche Stangenwaldmonotonie braucht Pflege. Werden die schwachen, dünnen Stämme nicht herausgeschlagen, breiten sich Krankheiten und Schädlinge aus, und auch die Gefahr von Waldbränden wächst. Wer für diese schwachen Fichtenstämme Verwendung findet, trägt folglich zur Waldpflege bei. Fragen Sie also den für Ihren nächstgelegenen Stangenwald zuständigen Förster.

Bei diesem Weidenrutenzaun wurden senkrecht in den Boden gesteckte lebende Ruten mit waagerecht verflochtenen nicht lebenden Ruten kombiniert.

Die Stämme von etwa 10 cm Durchmesser finden als Pfosten Verwendung, lange, noch dünnere Stämme werden als Pfetten (Querhölzer) seitlich an die Pfosten genagelt und die dünnen Enden der Stämme als Zaunhölzer senkrecht an den Pfetten befestigt.

Etwas aufwändiger, jedoch einfacher zu nageln, sind Zäune aus halbrunden Hölzern. In der Regel kann man diese halbrunden Hölzer nicht selber schneiden, sondern muss sie von einer Firma beziehen. Die Bauweise ist die gleiche wie beim Rundholzzaun.

Kastanienhölzer

Jüngst wieder entdeckt wurden die Zäune aus gespaltenen Höl-

In gleichen Abständen werden die halbrunden und naturbelassenen Zaunlatten an die Pfetten dieses schlichten Zauns genagelt.

zern der Edelkastanie. Geschickte Handwerker verstehen es, die Stammstücke mit dem Beil in schmale Hölzer zu spalten, die auf diese Weise ihre leicht unregelmäßig gebogene Form erhalten. Niedrige Zäune sind mit zwei, höhere mit drei Drähten verbunden, die um jedes einzelne Holz eine Schlaufe bilden. Die so vorgefertigten Zäune gibt es in Größen von 90 bis 180 cm.

Das Holz der Edelkastanie ist äußerst haltbar, und Zäune lassen sich leicht aufstellen, indem man sie einfach ausrollt und an den Pfosten befestigt. Sie passen sich auch unebenem Gelände an und können als Schutz vor Tieren rund um Baumstämme gelegt werden.

Bretterzäune

Am einfachsten ist ein Zaun mit waagerecht an die Pfosten genagelten Brettern. Er kann einfach als niedrige, 50–70 cm hohe Abgrenzung mit zwei parallel zueinander verlaufenden Brettern gebaut werden, aber auch als höherer Zaun, bei dem die Bretter Sichtschutz bieten. Die Bretter können auf einer Seite des Pfostens aneinander stoßen oder von Abschnitt zu Abschnitt jeweils auf Vorder- und Rückseite an die Pfosten genagelt werden.

Eine andere Möglichkeit besteht darin, die Bretter senkrecht an zwei waagerecht verlaufende Pfetten zu nageln. Da Holz immer »arbeitet«, nagelt man die Bretter nicht dicht aneinander, sondern lässt zwischen ihnen jeweils etwa 3 mm frei. Wer auch diese Spalten vor neugierigen Blicken verschließen will, kann sie durch ein darüber genageltes Brett oder eine Leiste verdecken.

Natürlich sind bei der Gestaltung von Zäunen der Fantasie kaum Grenzen gesetzt. Im Zweifelsfall sollten Sie aber immer eine möglichst schlichte Form wählen, die einen ruhigen Hintergrund zu den Pflanzen bietet. Die Bretter müssen keineswegs glatt gehobelt sein. Sägeraue Bretter wirken sogar natürlicher und sind billiger. Günstig bekommt man auch Schwartenbretter. Sie sollten aber nicht allzu stark gerundet sein, sonst lässt sich aus ihnen kaum ein gleichmäßiger, ansprechender Zaun herstellen.

Tipp

Jägerzäune sind ein Moderelikt der sechziger bis achtziger Jahre. Mit ihren gekreuzten Zaunlatten wirken sie meistens unruhig im Garten. Verwandeln Sie einen Jägerzaun in einen schlichten **Staketenzaun,** indem Sie die Latten des Jägerzauns lösen und in gleichmäßigen Abständen wieder senkrecht an die Pfetten nageln.

Gespaltene Kastanienhölzer wirken zierlich und rustikal zugleich. Die von Spezialfirmen vertriebenen Zäune lassen sich leicht aufstellen.

Lange Haltbarkeit

Am gefährdetsten durch Witterungseinflüsse sind wie bereits erwähnt die Pfosten. Ansonsten halten Zäune auch ohne Imprägnierung und Anstrich viele Jahre lang.
Es hängt von der Architektur des Wohnhauses, der Gartengestaltung und vom persönlichen Geschmack ab, ob man das Holz der natürlichen Verwitterung aussetzt und ihm die Patina durch ansetzende Flechten gönnt oder durch einen Anstrich einen zum Haus passenden Farbakzent oder einen Hintergrund für die Pflanzen setzt.

Von beiden Seiten an die Pfetten genagelt, bieten die Bretter dieses Zaunes Sichtschutz.

Verwenden Sie keine **Lacke**, denn die blättern nur schnell wieder ab. **Lasuren** lassen das Holz atmen und darüber hinaus auch seine schöne Maserung besser erkennen.

Spaliere für Kletterpflanzen

Kletterpflanzen brauchen immer eine Hilfe, an der sie emporranken können. Eine solche Kletterhilfe muss jedoch weder aufwändig noch kunstvoll gestaltet sein. Hat die Kletterpflanze erst einmal alles überwachsen, sieht man ein schönes Muster ohnehin nicht mehr. Außerdem soll die Pflanze und nicht die technische Konstruktion zur Geltung kommen, ein Grundsatz, der bei der Gartengestaltung allgemein beherzigt werden sollte. Ein paar Bohnenstangen, ein Lattengerüst, eine eiserne Säule oder ein paar Spanndrähte sind also genau richtig. Sie müssen nur auf die Organe des Kletterers abgestimmt sein.
Kletterpflanzen teilt man nach ihren Kletterorganen in vier Kategorien ein:
- **Selbstklimmer** wie Efeu, Kletterhortensie, Dreilappiger Wilder Wein und Kletterspindelstrauch;
- **Winder** wie Knöterich, Blauregen, Geißblatt, Pfeifenwinde und Strahlengriffel und viele andere;
- **Ranker** wie Clematis und Weinrebe;
- **Spreizklimmer** wie Rosen und Winterjasmin.

Bei den **Selbstklimmern** ist eigentlich keine extra Kletterhilfe erforderlich. Sie müssen lediglich an einer geeigneten Wand, zum Beispiel an einer gut verfugten Ziegelmauer, gepflanzt werden.

Spanndrähte für Schlingpflanzen

Winder oder Schlingpflanzen winden sich rechts oder links herum um eine senkrechte Kletterhilfe. An einer Hauswand wäre ein starker, an mehreren Stellen gut verankerter Draht oder eine Eisenstange folglich genau das Richtige. Im Garten- und Landschaftsbau verwendet man dazu gern **Blitzableiterdrähte**. Man muss im Eisenwarenhandel allerdings ein wenig danach fahnden, bis man diese Teile bekommt. Die Halterungen halten den Draht in einem Abstand von mindestens fünf Zentimeter vom Haus entfernt. Sie werden mit Dübeln und langen, dicken Schrauben in der Wand befestigt.

Mit einem Schnurlot oder einer geraden Holzleiste, einer Wasserwaage und Bleistift markieren Sie die senkrechte Linie (die Sie nicht von oben nach unten durchziehen müssen) und zeichnen in gleichmäßigen Abständen die vorgesehenen Stellen für die Halterungen an. Dann halten Sie die Halterungen an die Markierungen, zeichnen durch die Bohrungen die vorgesehenen Löcher an und bohren mit der Schlagbohrmaschine in der für die Dübel erforderlichen Stärke und Tiefe. Anschließend werden die Halterungen an der Wand festgeschraubt und der Draht durchgezogen und gespannt.

Eine wirklich gute Befestigung ist vor allem bei sehr starken Schlingern wie **Glyzine** oder **Baumwürger** erforderlich, die auch ein enormes Gewicht bekommen, was die Kletterhilfe und die Wand erheblich belastet. Wichtig ist auch eine Spannvorrichtung am Draht. Nachgespannt wird übrigens im Winter, wenn sich das Metall am stärksten zusammengezogen hat. Spannt man den Draht bei sommerlicher Hitze, so kann er im Winter reißen oder die Halterung aus der Wand ziehen.

Waldreben *(Clematis)* ranken sich mit ihren Blattstielen kunstvoll um filigrane Gitter und ähnliche Klettergerüste.

Blauregen *(Wisteria)* braucht ein starkes Eisenrohr oder einen stabilen Draht, um den er seine kräftigen Triebe schlingen kann.

Rankhilfen

Ranker bilden an ihren Triebenden feine Fäden aus, die sie um eine dünne Kletterhilfe schlingen. Dies ist uns vor allem bei einjährigen Pflanzen wie Erbsen und Wicken geläufig. Aber auch Weinreben und Clematis gehören zu den Rankpflanzen. **Clematis** sind so genannte Blattstielranker: Mit ihrer Blattstielen bilden sie eine hakenähnliche Biegung aus,

Tipp

Pflanzen Sie Schlinger wie Blauregen oder Baumwürger niemals an das Fallrohr einer Dachrinne. Nach wenigen Jahren kann der Schlinger das Blech zusammendrücken.

Kletterrosen müssen an einem Spalier befestigt werden. Bei diesem kunstvollen Lattenspalier ist das Schöne mit dem Nützlichen verbunden.

mit der sie sich an der Kletterhilfe festhalten.

Weinspalier

Weinreben lässt man meistens nicht wild wachsen, sondern baut eine gewisse Ordnung mit möglichst langen, waagerecht liegenden Trieben auf, die dann an dem Spalier befestigt werden. Bei ihnen kommt die natürliche Rankeigenschaft kaum noch zur Geltung. Ranker wie der Wein brauchen vor allem dünne und waagerechte Kletterhilfen. So eignen sich ein grobmaschiges Drahtgeflecht oder Eisengitter, ideal sind ein Maschendrahtzaun oder eine Baustahlmatte. Ähnliche Gitter werden auch im Gartenzubehörmarkt als Kletterhilfe angeboten. Das Ganze wird ebenfalls mit Dübeln und Schrauben und passenden Halterungen an der Wand befestigt. Genauso eignen sich aber auch einige waagerecht und im Abstand von 40 bis 50 cm zueinander gespannte Drähte, die von einigen senkrechten Drähten gekreuzt werden. So kann man die Pflanzen zunächst am senkrechten Draht aufleiten. Vor dort breiten sich die Triebe meistens von selber über die waagerechten Drähte aus. Vergessen Sie auch hier die Spannvorrichtung nicht.

Klettergerüste für Rosen

Spreizklimmer hangeln sich in der Natur durch ihre Dornen und Stacheln und ihre kurzen waagerecht gespreizten Seitentriebe nach oben. Am Spalier müssen Sie gezielt aufgeleitet und angebunden werden, sonst wachsen sie frei in andere Richtungen. Dies ist vor allem bei Kletterrosen der Fall, aber auch bei Brombeeren oder dem Winterjasmin.

Als Klettergerüst verwendet man gern ein **Raster aus Vierkanthölzern** (Dachlatten). Legen Sie diese Hölzer mit einer Breite von 4,5 bis 5 cm im Abstand von 40 bis 50 cm parallel zueinander auf einer ebenen Fläche aus und legen Sie anschließend rechtwinklig dazu ebensolche Latten im gleichen Abstand darüber. Die Latten werden mit je zwei Spax miteinander verbunden.

Ein **Anstrich** mit weißer Lasur ist meistens die geeignetste neutrale Farbe. Das Ganze wird mit Biegewinkeln, Dübeln und Schrauben an der Wand befestigt. Um später die Wand unter dem Spalier auch einmal wieder streichen zu können, bietet sich eine Vorrichtung an, bei der dieses Spalier mit **Scharnieren** versehen ist. So können Sie es herunterklappen, wobei die Triebe vorsichtig mit nach unten gebogen werden.

Wege und Plätze

Gärten legen wir zu unserem eigenen Nutzen an. Das heißt auch, dass alle Bereich über Wege bequem zu erreichen, in größeren Gärten auch mit der Schubkarre befahrbar sein müssen. Und selbstverständlich wünschen wir uns eine Terrasse oder auch einen anderen Platz, auf dem man einen Tisch und Stühle aufstellen kann.

Natürlich ist all das auch auf einem gut angelegten Rasen möglich. Es gibt ja Rasenmischungen, die äußerst strapazierfähig sind. Doch nicht immer werden sie unseren Ansprüchen gerecht. Außerdem sind sie morgens noch feucht vom Tau, und nach einem Regen, vor allem zur kalten Jahreszeit, mag man erst recht nicht über den Rasen gehen. Wir wünschen uns einen gut befestigten Weg.

Splitt- und Kieswege

Eine einfache Wegedecke wäre ein Belag aus Kies oder Splitt. Dabei ist es nicht damit getan, einfach eine Lage Splitt auf dem Boden auszubreiten. Die Steinchen würden durch den Tritt sehr schnell in den Boden gedrückt werden, und der seitliche Bewuchs überwuchert den Kiesweg sehr schnell. Vielmehr muss die Mutterbodenschicht in Wegbreite »ausgekoffert« werden, wie es im landschaftsgärtnerischen Jargon heißt.

Dazu wird die Sohle des Koffers festgestampft, und anschließend bringen Sie groben Kies oder Splitt ein. Sie können dazu ruhig kleinere Lesesteine aus dem Garten verwenden. Schütten Sie mehrere dünne Lagen von je 5 bis 8 cm auf, die Sie noch leicht mit einem Handstampfer – zur Not tut es auch ein Balken – feststampfen können. Besser geht es mit einer **Rüttelplatte oder** einem **Vibrationsstampfer.** Man kann sich solche Geräte bei Baumaschinenverleihfirmen mieten. Allerdings erfordert der Umgang damit einigen körperlichen Kraftaufwand und eine gewisse Übung.

Es kommt auch immer darauf an, wie stark so ein Gartenweg belastet wird. In einem normalen Hausgarten, dessen Wege nur von den Familienmitgliedern zu Fuß begangen werden, muss der Untergrund nicht so intensiv verdichtet werden wie zum Beispiel bei einer Garageneinfahrt.

Die **oberste Schicht** wird 10 cm dick mit Kies oder Splitt aufgeschüttet. Diese kleinen Steinchen müssen gelegentlich glatt geharkt werden, und nach einigen Jahren muss eventuell etwas Kies oder Splitt nachgefüllt werden.

Vorteil: ein einfacher und relativ preiswerter und naturnaher Wegebelag, der den Boden nicht versiegelt.

Ein Kiesweg ist leicht anzulegen und passt gut in diese kleine Gartenlandschaft aus verschiedenen Kräutern und Polsterstauden.

Nachteile: Spielende Kinder und Hunde sorgen dafür, dass die Steinchen bald in den benachbarten Rasen gelangen. Für ältere oder körperbehinderte Menschen ist der Kiesbelag zudem schwerer begehbar, und er muss nach einigen Jahren nachgebessert werden.

Holzhäcksel und Rindenmulch als Belag

Nebenwege, die selten begangen werden, zum Beispiel durch eine Staudenrabatte führen, können genauso gut mit Rindenmulch oder Holzhäcksel belegt werden. Auch dazu muss der Mutterboden in Wegesbreite ganz ausgehoben werden. Anschließend füllt man das Material etwas überhöht auf. Es wird durch das Begehen allmählich zusammengedrückt.
Vorteil: ein natürlicher Wegebelag, der den Boden nicht versiegelt und auf dem man angenehm weich und federnd geht.
Nachteil: Das Material verrottet mit der Zeit und schrumpft dementsprechend zusammen. Es muss also nach 2–3 Jahren wieder aufgefüllt werden. Auch der seitliche Bewuchs wächst allmählich in den Weg hinein.

Pflaster- und Plattenwege

Die häufigsten und klassischen Wegebeläge sind Pflaster- und Plattenbeläge.

Wege aus Betonsteinen und Klinkern

Am einfachsten lassen sie sich mit Hilfe von Kunststeinen, also Betonsteinen oder -platten bzw. Klinkern, herstellen.

Wer einen Häcksler besitzt und viel Abfallholz zur Verfügung hat, kann den Wegebelag aus Holzhäcksel selbst herstellen.

Auf Rindenmulch als Wegebelag geht man wie auf einem weichen Teppich. Dieses Material unterdrückt außerdem Unkraut.

Dazu koffert man wiederum den Boden aus, bis man auf die Unterbodenschicht stößt, verdichtet den Untergrund, bringt eine Lage Kies oder Splitt auf und breitet dann eine etwa 5 cm dicke Schicht Sand oder sehr feinen Kies aus. In dieser Schicht wird das Pflasterbett bereitet. Bei einem geraden Weg wird am Rand eine Richtschnur gespannt, die zugleich die Höhe des Plattenweges anzeigt.

Plattenlegen

Beginnen Sie mit der ersten Platte am Anfang des Weges, streichen Sie das Bett mit der Kante einer Maurerkelle in ungefährer Plattengröße glatt, legen sodann die Platte darauf und prüfen ihre Lage noch einmal mit der Wasserwaage. Vorteilhaft ist ein leichtes Gefälle zur Seite, damit das Oberflächenwasser leicht abfließen kann. Schließt der Belag an eine Hauswand an, so muss das Gefälle so angelegt sein, dass das Oberflächenwasser von der Wand weggeführt wird.

Wegekanten

Bei Pflasterwegen ist eine befestigte Wegekante meistens unerlässlich. Man mischt dazu Magerbeton aus 1 Teil Zement und 10 Teilen Kies erdfeucht an und breitet ihn am Rand des ausgehobenen Koffers (der 10–15 cm breiter sein sollte als der spätere Weg) aus. Dort hinein werden entweder seitliche Kantensteine nach der Schnur gesetzt oder eine Reihe der gewählten Pflastersteine verlegt.

Natursteinplatten und Pflastersteine aus Naturstein ergeben einen abwechslungsreichen und natürlichen Wegebelag.

Schwere Natursteinplatten aneinander gelegt bilden eine dauerhafte und stabile Wegebefestigung. Sie wirken im Garten schön und natürlich.

Die Kantensteine überragen die Pflasterfläche um etwa fünf Zentimeter und schließen bündig mit dem angrenzenden Erdreich ab, während die Pflastersteine in gleicher Höhe sowohl mit der gesamten Pflasterfläche als auch mit den angrenzenden Beeten liegen. Entlang der Schnur werden die Steine etwas überhöht ins Betonbett gestellt oder gelegt und mit dem Gummihammer auf die Höhe der Schnur geklopft. Anschließend wird von der Außenseite schräg Beton angeschüttet und etwas festgeklopft (Betonwange), von der Innenseite jedoch nur am Fuß der Steine ein wenig Beton gegengefüllt, sodass die Steine im Betonbett Halt haben.

In Magerbeton verlegte Natur- und Betonsteine säumen den Weg. Die Betonsteine zwischen den Kanten wurden in Sand verlegt.

Beton- und Klinkerpflaster

Sobald der Beton abgebunden hat, füllt man den Raum zwischen den Kanten wiederum mit Kies oder Splitt auf, verdichtet ihn und breitet als Bett für die Steine eine 5 cm dicke Schicht Sand aus.

Dieser Unterbau muss so berechnet sein, dass die darauf verlegten Steine etwas über die Höhenschnur hinausragen. Am besten schneidet man sich eine Brettschablone zurecht, die auf die Kanten aufgelegt wird und dann so tief ins Pflasterbett hineinragt, dass man genau diese Höhe zwischen dem Pflasterbett aus Sand und der Oberkante der Steine erreicht. Danach wird der Sand geglättet, indem man die Schablone über die Kanten nach hinten zieht. Anschließend werden die Steine im Sandbett verlegt. Zuletzt streut man dünn Sand über die Oberfläche, fegt ihn mit einem Besen in die Fugen und rüttelt oder stampft die Fläche ab.

Pflasterwege aus Natursteinen

Natursteine sind nie so regelmäßig geformt wie genormte Betonsteine und deshalb als Pflaster zwar schöner, aber auch schwerer zu verlegen. Je nach Art und Bearbeitung müssen sie einzeln verlegt und angepasst werden. Alte Pflastersteine sind noch relativ gleichförmig, aber wenn Sie mit Kieselsteinen ein ansehnliches, vielleicht sogar kunstvolles Pflaster kreieren wollen, müssen Sie für jeden einzelnen Stein ein eigenes Pflasterbett herstellen.

Ziehen Sie auf jeden Fall die Fläche vorher mit einem Brett ab und geben Sie je nach Dicke des

Tipp

Stechen Sie mit dem Pflanzholz Löcher in Plattenfugen und pflanzen Sie kleine Ableger der Römische Kamille *(Anthemis noblilis)*. Sie breitet sich dort, wo die Pflasterfläche am meisten betreten wird, rasenartig aus, und wo der menschliche Fuß selten hintritt, kommt sie sogar zur Blüte und duftet.

Eine kleine Kunst ist es, Kieselsteine als Pflaster zu verlegen. Das Sandbett muss fast jedem Kiesel angepasst werden.

Die Römische Kamille breitet sich auf häufig begangenen Wegeflächen rasenartig zwischen den Fugen aus. Am Rand blüht und duftet sie.

Steins etwas mehr und etwas weniger Sand dazu. An der Oberfläche müssen die Steine ungefähr auf gleicher Höhe liegen. Klopfen Sie sie leicht mit einem Pflasterer- oder Gummihammer an. Wenn Sie keine Rüttelplatte zur Verfügung haben, dann legen Sie ein dickes Brett über jeweils eine Reihe Steine oder einen gewissen Bereich des Pflasters und schlagen mit dem Hammer darauf oder stoßen den Stampfer oder den Balken kräftig auf das Holz, sodass die Steine über das Brett gleichmäßig heruntergedrückt werden.

Beim Natursteinpflaster, das nicht maschinell auf bestimmte Größen genormt wurde, entstehen zwangsläufig mehr oder weniger große Fugen. Dies ist für die Stabilität des Belages nicht von Nachteil, sofern die Fugen gut mit Sand gefüllt sind.

Treppen bauen

Bei jeder Treppe, über die Sie gehen, spüren Sie, ob sie dem menschlichen Schritt angepasst ist oder nicht. Manche Treppen sind so steil wie eine Hühnerleiter, sodass Sie, vor allem wenn Sie treppab gehen, nur sehr vorsichtig einen Fuß vor den anderen setzen. Bei anderen würden Sie am liebsten zwei Stufen auf einmal nehmen, wären nur nicht die Abstände so groß.

Treppen müssen dem menschlichen Schritt angepasst werden. Aber da Menschen unterschiedlich groß sind, muss ein gewisses Mittelmaß gefunden werden.

Die Treppenformel

Der menschliche Schritt wird mit 63 bis 65 cm bemessen. Daraus ergibt sich, dass Höhe und Tiefe einer Stufe zusammengerechnet insgesamt ungefähr dieses Maß ergeben müssen. Zur Berechnung dient die Treppenformel:

2 × Stufenhöhe + Auftrittiefe = 63 bis 65 cm

Unabhängig davon, ob eine Treppe steiler oder flacher angelegt ist – sie muss immer dieses Maß ergeben.

Da genormte Blockstufen eine Höhe von 15 cm aufweisen, kann dieses Maß als Orientierung zur Berechnung der Stufen dienen. Bei 15 cm Stufenhöhe und 65 cm Schrittlänge lautet die

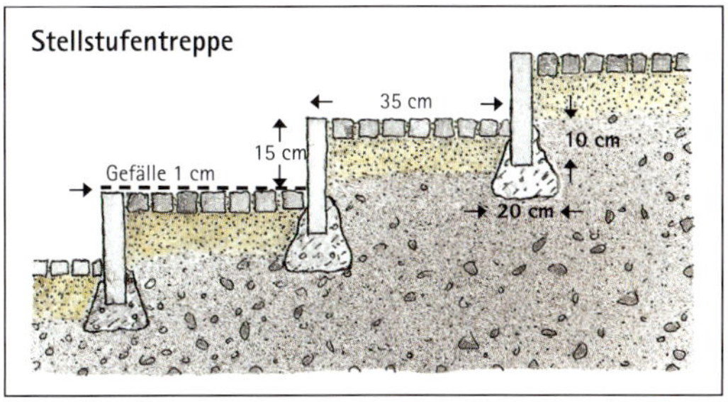

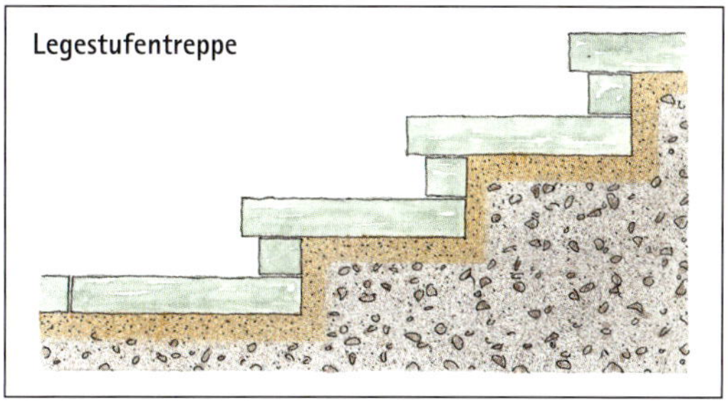

Stellstufen: Die Vorderkante der Stufe ist in Beton gestellt, die Auftrittfläche gepflastert.

Legestufen: Die Auftrittplatten der Stufen liegen an der Stirnseite auf Steinquadern (Bossen) auf.

Rechnung: 65 cm – (2 x 15 cm) = 35 cm Auftritttiefe.

Damit das Oberflächenwasser abfließen kann, wird jede Stufe mit 1 cm Gefälle angelegt. Dies erreicht man, indem man den Auftritt der Stufen zur nächst höheren um 1 cm ansteigen lässt. Soll die Blockstufen-Treppe zum Beispiel einen Höhenunterschied von 80 cm überbrücken, so rechnen Sie 80 cm : 16 cm = 5 Stufen. Verläuft eine Treppe im Bogen, gilt die mittlere Auftritttiefe, das heißt, an der Innenseite ist die Treppe etwas enger, außen etwas breiter.

Stufen-Bauweisen

Stufen können Sie auf unterschiedliche Weise bauen. Am einfachsten ist es, das Stufenprofil in die Erde eines Hanges hineinzustechen und die Stufen an der Stirnseite mit entsprechend zugeschnittenen Brettern und Rundhölzern und zwei davor in den Boden geschlagenen Pflöcken einfach abzustützen. Gegebenenfalls muss hinter Brettern und Pflöcken noch etwas Erde oder Kies aufgefüllt werden.

Eine solche Abstützung ist aber nur für ein oder zwei Jahre haltbar. Dann wird das Holz morsch und muss ausgetauscht oder es muss eine neue, dauerhafte Form des Treppenbaus gefunden werden. Dazu gibt es viele Möglichkeiten. So können Sie zur **Abstützung für die Stirnseite** einen Beton-Kantenstein einbetonieren und die Fläche (Auftritttiefe) bis zur nächsten Stufe pflastern. Auch eine kleine Mauer aus zwei bis vier Ziegelsteinen ist als Stirnseite der Stufen denkbar.

Verschiedene Varianten von Betonsteinen lassen sich zum Bau von Treppen ebenso verwenden wie Natursteine, sofern diese einigermaßen gerade behauen sind und passend zur Treppenformel eingebaut werden können.

Auch Platten lassen sich gut verwenden, indem man Ziegelsteine oder quaderförmige Natursteine als Stirnseite benutzt und die Platten als Auftrittfläche darüber verlegt. Eleganter sieht es allerdings aus und ist auch besser begehbar, wenn man die Platten leicht (2–3 cm) über die Stirnseite hinausragen lässt.

Trockenmauern

Bei diesen Mauern werden die Steine ohne Mörtel aufgeschichtet. In England, Dänemark und anderswo friedet man damit die Viehweiden ein, und die Mauern stehen Jahrzehnte und Jahrhunderte, ohne einzustürzen. Auch Weinbergterrassen werden nicht selten mit hohen Trockenmauern abgestützt.
Trockenmauern haben aber nicht nur funktionelle Bedeutung, sie sind auch ein schönes Gestaltungselement und bieten zahlreichen Pflanzen und Tieren einen Lebensraum. Als **Materialien** können Sie nahezu alles verwenden, was Stein ist: Natursteine aller Art mit unregelmäßiger (Zyklopen) und regelmäßig behauener Form (Bossen) ebenso wie Betonbrocken, alte Ziegelsteine und sogar ausrangierte Dachpfannen.

Stabilität ist (fast) alles

Doch egal welches Material Sie verwenden: Jeder Stein muss allein durch das Aufschichten eine stabile Lage erhalten. Erde kommt nur für die Pflanzen in die Fugen, nicht als Ersatz für Mörtel oder um Unebenheiten auszugleichen!

Eine aus Natursteinen mit großen Fugen aufgeschichtete Trockenmauer bietet sowohl Mauerblümchen als auch Amphibien, Eidechsen und Blindschleichen einen vielfältigen Lebensraum.

Deshalb sollten Sie beim Bau einer Trockenmauer immer die folgenden acht Punkte beachten:

1. Durchlässiger, stabiler Unterbau

Der Boden unter der Trockenmauer darf nicht nachsacken. Koffern Sie den Mutterboden um etwa ein Viertel breiter aus als die anschließend aufgeschichtete Mauer, bis Sie auf die Unterbodenschicht stoßen. Dort bringen Sie bis etwa fünf Zentimeter unter die Bodenoberfläche groben Kies oder Ähnliches ein und stampfen diese Lage fest.

2. Neigung gegen den Hang

Soll die Trockenmauer eine Böschung oder einen Hang stützen, so darf sie nicht senkrecht aufgeschichtet werden, sondern muss sich leicht gegen den Hang neigen.
Eine frei stehende Trockenmauer wird so aufgeschichtet, dass sich beide Seiten leicht nach innen neigen. Als **Faustregel** gilt, dass die Vorderseite der Mauer in 1 m Höhe etwa 10 cm weiter innen liegen muss als der Fuß. Sie können sich dazu aus einem 1 m langen Brett eine Schablone zurechtsägen, die unten spitz zuläuft und in 1 m Höhe 10 cm breit ist. Um die Neigung zu prüfen, legen Sie diese Schablone, kombiniert mit einer Wasserwaage, an die Mauerfront an.

Ein Trockenmauerwall aus Findlingen passt vor allem in einen norddeutschen Garten. Der Kopf und die Fugen der Mauer werden bepflanzt.

3. Große Steine an den Fuß der Mauer

Bei unterschiedlich großen Natursteinen verwendet man die größten Steine für die unterste Lage. Je kleiner die Steine, desto weiter oben werden sie angesiedelt. In mittleren Lagen können jeweils zwei oder drei kleinere Steine in der Höhe der benachbarten größeren Steine aufgeschichtet werden. Sehr kleine Steine werden nicht eingebaut, um Lücken zu füllen oder die Tragfähigkeit der Mauer zu erhöhen. Sie sind nur sinnvoll, wenn sie der Stabilität größerer, sehr unregelmäßig geformter Steine dienen.

4. Fugenregel einhalten

Beim Aufschichten der Steine entstehen senkrechte und waagerechte Fugen. Vermeiden Sie, dass sich senkrechte Fugen durch mehrere Steinlagen ziehen. Anders ausgedrückt: Jede senkrechte Fuge muss von einem darüber liegenden Stein bedeckt sein.

Bei unregelmäßig großen und geformten Steinen ist diese Regel nicht immer leicht einzuhalten. Dann werden zwei oder drei kleinere Steine neben einem großen so aufgeschichtet, dass die kleineren Steine zusammen die Höhe des großen erreichen und die senkrechte Fuge der nächsten Lage von einem darüber gelegten Stein wieder bedeckt wird.

5. Binder einbauen

Zur Stabilität höherer und mehrschichtiger Mauern müssen einige längere Steine quer zum Verlauf der Steinlagen eingebaut werden, die beide Lagen miteinander verbinden. Dies gilt vor allem für frei stehende Trockenmauern.

6. Pflanzen richtig einsetzen

Pflanzen werden grundsätzlich in senkrechte, mit Erde gefüllte Fugen eingesetzt. Dazu können einige senkrechte Fugen bewusst etwas breiter angelegt werden. Ideal ist es, wenn die Pflanzen schon während des Aufschichtens in die Mauer integriert werden.

Die waagerechten Fugen werden nur mit einer dünnen Lage Erde (lehmige Gartenerde mit Sand vermischt) ausgefüllt, indem man auf jede Lage eine gleichmäßige Schicht aufträgt.

7. Hohlräume für Tiere schaffen

Als Schlupfwinkel für Kröten, Molche, Eidechsen und andere Kleintiere können ebenfalls breitere Fugen gelassen werden, die man nicht mit Erde ausfüllt. Um der Stabilität willen sollten sie immer mit einem längeren Stein überdeckt werden. Für Wiesel kann mit einem eingebauten Steingutrohr eine größere Höhle geschaffen werden.

8. Mit Kies hinterfüllen

Hinter der Trockenmauer oder als Kern einer frei stehenden Mauer wird Kies, Schotter, zur Not auch Bauschutt aufgefüllt. Diese Lage dient der Stabilität und dem Wasserabzug der Mauer.

Breiten Sie auf der Kiesschicht, also dem Fundament, eine etwa fünf Zentimeter dicke Sandschicht aus. Darauf legen Sie Stein an Stein und klopfen jeden mit dem Gummihammer fest. Überzeugen Sie sich davon, dass kein Stein wackelt.

Danach tragen Sie eine gleichmäßige Schicht eines Sand-Erde-Gemischs auf und setzen die zweite Lage so auf, dass die senkrechten Fugen jeweils von einem Stein überdeckt werden. Als oberste Schicht wählen Sie möglichst lange, flache Steine.

Wie wird der Teich dicht?

Die wenigsten Gartenbesitzer haben das Glück, lediglich ein Loch graben, den Boden verdichten, die Grube dann nur noch voll Wasser füllen zu müssen, und fertig ist der Teich. Dies ist nur bei einem sehr bindigen Lehm- oder Tonboden möglich.

Früher wurden Teiche mit Lehm oder Ton abgedichtet, wobei man allerdings sehr dicke Tonschichten wählte und diese sehr sorgfältig stampfte. Es handelte sich dabei meistens um sehr große Teiche, die als Wasserreservoir zum Feuerlöschen im Dorf oder als Viehtränke auf der Weide (Himmelsteiche) angelegt wurden. Heute dichtet man Teiche gewöhnlich mit Folie ab.

Teichmulde modellieren

Für eine sichere Abdichtung, sowie für die Bepflanzung und die Entwicklung der Lebewesen im Teich ist eine naturnahe Ausformung der Teichmulde wichtig.

So wird ein Folienteich angelegt:

1 Das modellierte Teichprofil: Bei diesem sandigen Boden erübrigt sich eine zusätzliche Sandschüttung.

2 An mehreren Stellen der Teichmulde wird das Maßband ausgelegt und der Folienbedarf ermittelt.

3 Überlappend ausgelegte Vliesbahnen bedecken die Teichmulde, auf der nun die Folie ausgerollt wird.

4 Danach ziehen mehrere Helfer die Folie nach beiden Seiten auseinander und passen sie dem Teichprofil an.

5 Wichtig: Die Folie glätten, sodass nur wenige Falten zurückbleiben.

6 Wasser marsch! Auf den mit Kies bedeckten Teichboden rieselt das Wasser. Bald kann gepflanzt werden.

1

2

3

4

5

6

Bauen Sie keine »Bombenlöcher«, also keine Teiche mit kleiner Oberfläche und großer Tiefe. Teichgruben müssen immer ganz sachte abfallend modelliert werden. Sie dürfen nicht steiler als im Verhältnis 1:3 (1 m Tiefe auf 3 m Länge) abfallen. Bei größeren und damit tieferen Teichen empfiehlt es sich, ein bis zwei Stufen einzubauen. Dies erleichtert die Bepflanzung.

Heben Sie die Mulde am besten in drei Schichten von jeweils Spatenstich-Tiefe aus. Den Aushub jeder Schicht lagern Sie auf einem gesonderten Haufen. Anschließend modellieren Sie mit Schaufel, Vierzahn und Rechen die Mulde in der richtigen Tiefe. Rechnen Sie dabei auch die Dicke der Abdichtungsschicht mit ein. Dichten Sie den Teich beispielsweise mit Tonelementen ab, so müssen Sie zu den 15 cm dicken Elementen noch die Auflast des Kiesmaterials von 20–30 cm Dicke hinzuzählen. Das heißt, die Teichmulde muss für diese Art der Abdichtung rund 50 cm tiefer ausgeschachtet werden! Ziehen Sie zuletzt die Erde auf der Teichsohle glatt, und verdichten Sie sie bei einem leichten Boden.

Tonabdichtung

Heute bieten Spezialfirmen Tonelemente, Tonpulver (Bentonit) oder mit Tonmineralpulver beschichtete Matten an. Zweifellos ist Ton das natürlichste Material zur Abdichtung von Teichen. Er isoliert das Teichwasser nicht von dem umgebenden Erdreich, sondern verbindet es, sodass auch die Temperaturen ausgeglichen werden. Zudem bindet Ton Nährstoffüberschüsse aus dem Wasser, die die Pflanzen dann wieder aufnehmen können. Allerdings müssen die Tonmaterialien sehr sorgfältig verdichtet werden. Wird etwa das Verhältnis von mindestens 1:3 beim Teichrandgefälle nicht eingehalten, lässt sich der Ton nicht gleichmäßig verdichten. Auch um den Einsatz eines Vibrationsstampfers oder einer Rüttelplatte kommt man nicht herum. Wer mit landschaftsgärtnerischen Bauarbeiten keine Erfahrung hat, sollte die Anlage eines Tonteichs unbedingt dem Fachmann überlassen.

Folien für den Gartenteich

Bei den Teichfolien kann man mittlerweile zwischen vielen verschiedenen Folienstärken, -materialien und -farben wählen. Einige Folien sind sogar gewebeverstärkt. Die Auswahl richtet sich vor allem nach der Größe des Teiches, der Belastung (zum Beispiel bei einem Schwimmteich), dem Umweltbewusstsein des Teichbesitzers und nach dem Geldbeutel.

Teichfolien aus Polyvinylchlorid (PVC)

PVC hat den Vorteil, dass man die einzelnen Bahnen leicht mit einem Kaltschweißmittel passgenau an Ort und Stelle aneinander fügen kann. Man muss allerdings sorgfältig und sauber arbeiten, sonst wird der Teich nicht dicht. PVC enthält Weichmacher und das Schwermetall Cadmium, ohne die man diese Folie nicht herstellen kann. Die Hersteller halten den Cadmiumanteil jedoch auf einem vertretbaren Minimum. PVC-Folien sind im Vergleich zu anderen Materialien die billigsten Folien.

Teichfolien aus Polyethylen

An Haltbarkeit stehen PE (Polyethylen)-Folien den PVC-Folien in nichts nach. Allerdings können Sie nicht vor Ort durch ein Kaltschweißmittel zusammengefügt werden. Die Verarbeitung erfolgt vielmehr durch ein spezielles Gerät beim Folienhersteller oder Lieferanten. Für kleinere Teiche bekommt man ein großes quadratisches oder rechteckiges Folienstück. Der Nachteil: Durch den Verschnitt am Rand fällt viel Abfall an. Außerdem sind diese Folien vor allem in Stärken von

Tipp

Schlauchwaage

Legen Sie einen mit Wasser gefüllten Schlauch von einem Höhenpunkt zu einem entfernten anderen Punkt im Garten. Der Wasserspiegel ist an beiden Schlauchenden gleich hoch. Mit dieser Schlauchwaage können Sie leicht und genau Höhenmaße über größere Entfernungen übertragen.

1 mm und mehr deutlich steifer und deshalb schwerer zu verarbeiten als PVC.

Teichfolien aus Kautschuk

Die meisten angebotenen Folien dieser Art bestehen aus dem Synthesekautschuk EPDM, der sich in seinen Eigenschaften von dem Naturkautschuk kaum unterscheidet. Diese Folien zeichnen sich durch Geschmeidigkeit, Elastizität und damit eine sehr große Haltbarkeit aus. Die Bahnen werden durch einen Kaltkleber aneinander gefügt, wobei ebenfalls sehr sauber und sorgfältig gearbeitet werden muss. Der Kaltkleber darf nicht zu lange lagern, sonst verliert er seine Klebekraft. Kautschukfolien sind sehr gut, aber mit Abstand am teuersten.

Wenn sich der Teichboden etwas gesetzt hat, wird die Folie am Rand bodeneben abgeschnitten.

Teichfolien aus Polyolefinen

Diese Folien enthalten weder Schwermetalle noch Weichmacher, sind aber dennoch geschmeidig und lassen sich somit leicht verlegen. Dank Gewebeverstärkung halten Polyolefin-Folien Druck und Belastungen durch Dehnung in besonderem Maße stand. Die Bahnen dieser Folien kann der Gartenfreund jedoch nicht selber aneinander fügen; sie werden vom Werk nach vorgelegtem Plan mit Heißluft verschweißt.

Die Folie auslegen

Am besten lassen Sie sich die Folie von Ihrem Lieferanten oder Hersteller passgenau zurechtschweißen. Dazu messen Sie Ihre Teichmulde an mehreren Stellen mit dem Maßband in der Länge und in der Breite so, dass das Maßband satt auf der Teichsohle aufliegt. Diese Maße halten Sie in einer Skizze fest. Mit der Folie

Ein gut angelegter und mit heimischen Wasserstauden bepflanzter Teich sieht aus wie ein natürliches Gewässer.

bestellen Sie auch die passende Menge **Schutzvlies.**

Vorbereitung des Teichbodens

Besteht der Unterboden aus Sand oder aus einem ähnlich weichen steinfreien Material, so können Sie direkt darauf das Vlies ausbreiten. Ist der Boden jedoch lehmig oder steinig, empfiehlt es sich, eine 10–15 cm dicke Schicht Sand zu verteilen und diese mit der Schaufel etwas festzuklopfen. Der Sand dient als Sauberkeitsschicht und zusätzlicher Puffer, der spitze Steine von der Folie fern halten soll. Das Vlies wird in Bahnen auf dem Sand oder der Sohle so ausgebreitet, dass sich die einzelnen Bahnen um etwa 10 cm überlappen.

Einpassen der Folie

Vom Lieferanten erhalten Sie die nach Ihrer Skizze zusammengeschweißte Folie gefaltet und gerollt als handliches Paket. Legen Sie dieses an einem »Kopfende« der Mulde ab, also dort, wo die Entfernung zum gegenüberliegenden Teichufer am größten ist. Dann schnüren Sie das Paket auf und rollen die Folie längs durch die ganze Mulde bis ans andere Ende. Anschließend ziehen Sie die Folie mit mehreren Helfern nach den Seiten auseinander.

Nun passen Sie die Folie überall der Mulde an. Dabei bleibt es nicht aus, dass sich Falten bilden. Ziehen Sie aber dennoch die Folie so glatt wie möglich, sodass nur noch einige wenige große Falten verbleiben. Diese legen Sie nach der Seite um und beschweren sie mit Kies oder Sand.

Den Teichrand sorgfältig ausbilden

Das Teichufer muss überall gleich hoch liegen. Gibt es eine tiefere Stelle, so läuft das Wasser dort über, und an anderen Stellen wird die Folie sichtbar. Prüfen Sie also mit Hilfe von Pflöcken, einem geraden Brett und der Wasserwaage die Höhe und passen Sie die Folie gegebenenfalls an.

Am Rand des Teiches legt man die Folie in 10–15 cm Tiefe zunächst waagerecht aus und winkelt sie dann am Ufer um 90 Grad ab. Sie wird von innen mit Kies bedeckt und so fixiert, dass nur noch die Kante herausschaut. Diese wird anschließend in der gemessenen Höhe gleichmäßig bodeneben abgeschnitten. So bildet sie am Teichrand eine Kapillarsperre, die verhindert, dass das trockene Erdreich im Sommer Wasser aus dem Teich saugt.

Befüllen des Teiches

Das Einsetzen der Wasserpflanzen ist auf Seite 80 beschrieben. Bei kleinen Teichen können Sie die Pflanzen direkt auf den trockenen Boden setzen und anschließend langsam Wasser einlaufen lassen. Größere Teiche lassen sich nicht so schnell füllen, dass alle Pflanzen schnell genug im Wasser stehen. Deshalb pflanzt und füllt man in Etappen.

Auf einen Blick

- Zum Vermessen Ihres Gartens benötigen Sie Zollstock, Bandmaß und Wasserwaage.
- Höhen werden gestaffelt mit einem geraden Brett und einer Wasserwaage gemessen. Die Bezugshöhe ist der Fußboden im Erdgeschoss.
- Mit Baumschnittholz können Sie Wallhecken und einfache Zäune bauen.
- Pfosten, Pfetten und Auflagehölzer bilden das Gerüst einer Pergola und einfacher Holzschuppen.
- Lebende Weidenzäune lassen sich leicht bauen und halten ewig.
- Kletterpflanzen brauchen Gerüste, die ihrer Kletterweise angepasst sind.
- Kies-, Splitt- und Rindenmulchwege sind leicht herzustellen und versiegeln den Boden nicht.
- Wege aus Betonsteinen und Klinkern müssen durch eine seitliche Kante befestigt werden.
- Natursteinpflasterwege fügen sich besonders harmonisch in naturnahe Gärten ein.
- Treppen können unterschiedlich gestaltet sein, werden aber immer nach der Treppenformel gebaut.
- Bei Trockenmauern ist unbedingt die Fugenregel einzuhalten.
- Teiche können mit Ton oder Folie abgedichtet werden. Wichtig ist eine naturnah modellierte Teichmulde.

Stichwortverzeichnis

Seitenzahlen mit * verweisen auf Abbildungen.